KB157558

컨벤션기획사 2급
실기시험 문제집

PROFESSIONAL CONVENTION PLANNERS

머/리/말

컨벤션기획사는 영어로 Professional Convention Planner, Professional Meeting Planner라고 하며, 줄여서 Meeting Planner라고 불리운다.

1965년 제 14차 아시아·태평양 관광협회(PATA: Pacific-Asia Travel Association) 총회를 서울에서 개최하면서 컨벤션을 하나의 관광산업으로 인식하게 되었다. 1979년 PATA 총회를 다시 개최하게 되면서 한국관광공사에 국제회의부를 설치하는 계기가 되었다. 그 이후 1982년 제 8차 아세아·태평양 국제 잼버리 대회, 1983년 미국 관광업자협회(ASTA: American Society of Travel Agents) 총회, IPU 총회, 1985년의 IBRD, IMF 총회 등이 개최되면서 우리나라에도 국제회의 산업의 자리 잡게 되었다.

1986년의 아시안 게임과 1988년 서울 올림픽의 성공적인 개최를 계기로 세계 속에서 한국의 지명도가 높아지게 되었으며, 이 영향으로 국제회의 산업은 새로운 전기를 맞이하게 되었다.

1996년 아시아·유럽 정상회의(ASEM) 유치를 계기로, 동 대회를 개최했던 KOEX가 COEX로 명칭을 바꾸고 확장하면서 ASEM 컨벤션 센터가 갖추어지게 되었다. 지난 2000년 10월 제3차 ASEM 서울대회가 개최되면서 우리나라 컨벤션 산업은 본격적인 산업화단계로 진입하게 되었다.

이런 컨벤션 산업의 외적 성장과 더불어 인적 자원의 관리에 대한 관심이 커졌고, 2003년부터 시행된 컨벤션기획사 국가자격증 시험은 국제회의와 국제전시회뿐만 아니라 국제교류분야에서 일하는 분들에게 필수 자격증으로 자리 잡았다.

컨벤션기획사 자격증은 컨벤션센터, PCO(국제회의기획업), 공무원, 국회사무처, 협회, 국제단체, 무역회사 등 국제교류분야로의 진출에 관심 있는 분들께 필수 자격증으로 인식되고 있다.

컨벤션기획사 국가자격증은 1차 필기와 2차 실기로 구분되어 있으며, 2차 실기시험 과목은 컨벤션 영어와 컨벤션 기획서 작성이다. 2차 실기시험은 컴퓨터실에서 진행되며 주제 및 주어진 조건을 토대로 영문서한을 MS Word 또는 아래한글로 작성하고 컨벤션 기획서는 파워포인트로 작성해서 제출하는 방식으로 진행된다.

국가자격증 컨벤션기획사 2차 실기시험은 6시간 동안 진행되며 MS WORD 또는 아래한글로 영문서한을 작성하고 파워포인트로 컨벤션 기획서를 작성해야 한다. 2차 실기시험에서 전체 평균이 60점 이상이면 합격한다.

컨벤션기획사 2차 실기시험을 준비하는 분들은 궁금한 것이 많을 것이다.

컨벤션기획사 2차 실기시험에서 어떤 문제가 출제될까?
총 6시간의 시험 시간을 어떻게 관리하면 좋을까?
영문서한과 기획서 답안에는 무슨 내용이 들어가야 할까?
영문서한과 기획서는 어떻게 작성하면 좋을까?

이런 모든 고민을 속이 시원하게 해결해줄 책은 없을까?

본서는 컨벤션기획사 자격시험 응시자를 위해서 꼼꼼하게 자료를 준비해서 자신 있게 내놓았다. 본서로 컨벤션기획사 자격시험을 준비해서 합격하여 즐거워하는 독자분들의 모습을 상상하면서 만들었다.

본서의 부족한 부분은 지속적으로 수정해나가고자 한다. 본서에서 문의사항이 있는 경우 저자(fatherofsusie@hanmail.net)에게 직접 문의하거나 blog.daum.net/fatherofsusie의 방명록에 궁금한 점을 남겨주면 가능한 빨리 성실하게 답변 드리겠다.

어려운 출판시장 상황에도 불구하고 본서의 출판을 기꺼이 맡아주신 한올출판사 임순재 사장님과 최혜숙 실장님 및 김연지님 등 편집부 직원분들에게 감사드린다.

2014년 11월
한광종

차 / 례 …

/ Chapter 1_ 컨벤션 영어 /

Contents

컨벤션기획사 2차 실기시험 출제기준 ···

직무 분야	경영·회계·사무	중직무 분야	경영	자격 종목	컨벤션기획사 2급	적용 기간	2013.1.1.~2017.12.31

○직무내용 : 컨벤션기획사 1급 자격자의 지휘 하에 회의기획/운용 관련 제반업무를 수행하는 자로 회의목표 설정, 예산관리, 등록기획, 계약, 협상, 현장관리, 회의평가 업무에 대해 전문적 지식을 갖고 업무를 수행

○수행준거 : 1. 행사기본계획을 수립할 수 있다.
2. 행사 세부추진계획을 수립할 수 있다.
3. 영문서신을 작성할 수 있다.
4. 행사의 개요를 영문으로 작성할 수 있다.

실기검정방법	작업형	시험시간	6시간 정도

실기과목명	주요항목	세부항목	세세항목
컨벤션 실무	1. 컨벤션 기획서 작성	1. 행사의 기본계획 수립하기	1. 개최목표가 회의주제에 부합할 수 있다. 2. 기대효과가 개최목표에 포함될 수 있다.
		2. 행사의 세부추진계획 수립하기	1. 회의 기본방향과 행사 목표가 일관성 있게 설정할 수 있다. 2. 행사목표를 측정가능 하도록 작성할 수 있다. 3. 일정표 등이 회의 기본방향과 일치하도록 작성할 수 있다. 4. 홍보방침이 목적 등에 포함할 수 있다. 5. 기획서를 논리적이고 체계적으로 작성할 수 있다. 6. 관광 등 세부 프로그램을 작성할 수 있다. 7. 행사계획에 맞추어 적정하게 예산을 수립할 수 있다.
	2. 영문서신 작성 능력	1. 영문서신 작성하기	1. 참여권유 서신을 영문으로 작성할 수 있다. 2. 등록정보를 영문으로 작성할 수 있어야 한다. 3. 기타 행사에 관한 정보를 영문으로 작성할 수 있다.

컨벤션기획사
2급 실기시험문제집

Chapter 1_

컨벤션 영어

PROFESSIONAL
CONVENTION
PLANNERS

1 | 컨벤션기획사 2차 실기시험 영어시간 관리 요령

전체 6시간 컨벤션기획사 시험시간 중 1시간 30분 내에 영어문제를 풀어야 된다. 기획서와 컨벤션영어의 작성에 대한 시간관리가 매우 중요하다.

컨벤션영어에서 1시간 30분 이상을 초과할 경우, 1시간 30분 내에 작성된 내용을 최대한 빨리 정리하고 기획서 작성으로 넘어가야 된다. 완벽한 영문서한과 첨부 서류 작성을 시도하는 과정에서 시간 배분에 실패하면 안된다.

컨벤션기획사 시험에서는 기획서와 컨벤션영어를 모두 골고루 잘 해야 된다.

적절한 시간 배분	과 목
1시간 – 1시간 30분	컨벤션영어
4시간 – 4시간 30분	기획서
마지막 30분	총정리 및 재확인

2 | 컨벤션기획사 2차 실기시험 영어 준비 요령

1) 번역 요령

(1) 주어진 조건을 순서대로 번역

시험문제는 항목별(등록, 항공, 지상교통, 숙박 등) 정보가 섞여 있으므로 일단 순차적으로 번역한다. 번역이 완료되면 순서 앞뒤로 재정렬한다(즉, 등록, 항공, 지상교통, 숙박 등 항목별로 묶는다).

(2) 재정렬 기준

같은 항목을 중심으로 묶은 후, 국제회의 기획 · 운영 순서대로 정리한다.

즉, 등록 → 항공 → 지상교통 → 숙박 → 회의 (개회식 · 회의 · 폐회식) → 동반자 행사 → 공식관광행사

(3) 조건의 내용을 모두 번역 불필요

예산 등 국제회의 참가자에게 알릴 필요가 없는 내용이므로 영문서한에 적지 않는
다. 예산은 기획서에 들어가야 할 항목이다.

예

아태컨벤션협의회(가칭)는 오는 2018년 9월 15일(목)에서 18일(4일간)동안 제22회 아
시아태평양 컨벤션 총회를 서울 코엑스에서 개최하려고 한다.
이번 행사는 아시아컨벤션협의회가 주최하고 본 행사의 참가대상은 컨벤션 기관, 기업
대표 및 교수로 내국인 1,000명, 외국인 800명, 동반자 200명이다.
본 행사의 등록비는 내국인 40만원, 외국인 500 USD, 동반자 200 USD 이다.

☞ 직 역

The 22nd Annual Conference of Asia-Pacific Convention will be held from
the 15th of September to the 18th of September at Coex in Seoul.[1]

The conference will be hosted by Asia Convention Association.

The number of participants throughout the world will be about 1,000
persons. All of them are from the convention organizers, companies, and
universities.[2]

The number of participants from overseas will be 800 persons.

The number of accompanying persons will be 200 persons.

The registration fee for domestic participant is 400,000 Korean Won.

The registration fee for participant from overseas is USD 500.

The registration fee for accompanying person is USD 400.

☞ 재구성

인사말·주제·중요도 등 순서에 따라서 좀 더 세련된 표현으로 바꾼다.

---

1) The 22nd Asia-Pacific Convention Annual Conference will be held from the 15th of September to
   the 18th of September at Coex in Seoul.
   = The 22nd Asia-Pacific Convention Annual Conference will take place from the 15th of
     September to the 18th of September at Coex in Seoul.
   = Asia Convention Association will host the 22nd Asia-Pacific Convention Annual Conference
     from the 15th of September to the 18th of September at Coex in Seoul.

〈1〉

On behalf of the Asia-Pacific Convention Association, I would like to extend my warmest invitation to you and your members to the 22nd Annual Conference of Asia-Pacific Convention will be held from the 15th of September to the 18th of September at Coex in Seoul.

All the participants are representing the convention organizers or chief executive officers of companies, or professors of universities. The total number of participants from Korea[3] will be approximately 1,000 persons.[4]

About 800 participants from overseas will take part in the conference. The number of accompanying persons will be about 200 persons.

The registration fee for domestic participant is 400,000 Korean Won. For the participants from overseas, the registration fee is USD 500. For the accompanying person, the registration fee is USD 400.

〈2〉

On behalf of the Asia-Pacific Convention Association, I would like to extend my warmest invitation to you and all of your members to the 22nd Annual Conference of Asia-Pacific Convention will be held from the 15th of September to the 18th of September at Coex in Seoul.

All the participants are representing the convention organizers or chief executive officers of companies, or professors of universities. The total number of participants will be approximately 1,800 persons.[5] Among them,

---

2) The number of participants from the convention organizers, companies, and universities will be 1,000 persons.
  = About 1,000 people from the convention organizers, companies, and universities will participate in the conference.
  = The number of participants will be about 1,000 persons. They are representing convention organizers, chief executive officers of companies, and professors of universities.
3) The total number of participants from Korea
  = The total number of Korean participants
4) The number of participants will be 1,000 persons.: 참가자는 1,000명이다.
  The number of participants will be approximately 1,000 persons.: 참가자는 약 1,000명이다.
  The number of participants will be limited to 1,000 persons.: 참가자는 1,000명으로 제한되어 있다.
5) The number of participants will be 1,000 persons.: 참가자는 1,000명이다.
  The number of participants will be approximately 1,000 persons.: 참가자는 약 1,000명이다.
  The number of participants will be limited to 1,000 persons.: 참가자는 1,000명으로 제한되어 있다.

800 persons are from overseas. The number of accompanying persons is expected to approximately 200 persons.

The registration fee for domestic participant is 400,000 Korean Won. For the participants from overseas, the registration fee is USD 500. For the accompanying person, the registration fee is USD 400.

2) 컨벤션 영문서한 기본 틀 준수

(1) 글자 크기

글자 크기는 기획서 작성 시험 문제의 조건에 맞춘다.

(2) 선호하는 글자체

영어권 사람들은 Arial을 많이 선호한다.

채점관이 프린트된 컨벤션영어 답안을 채점하기 좋도록 선명한 글자체가 바람직하다. 글자체를 정해준 경우, 그대로 따른다.

(3) 서한의 기본 용어 이해

- Letter head: 모두 대문자로 표기한다(예 2018 ANNUAL CONFERENCE FOR ABC ASSOCIATION).
- Date

문제에서 서한 작성일을 조건으로 주는 경우 : 해당 날짜를 적는다.

예 제22차 ABC국제회의를 서울에서 개최하고자 한다. (생략) 서한 작성일은 2017년 12월 21일이다. (생략) 영문 초청서한을 작성하시오.

December 21st, 2017

문제에서 서한 작성일에 대한 정보를 주지 않는 경우 :
예 개최 예정일이 2018년 6월 21일인 경우

문제 종류	서한 수신	서한 작성일
국제회의 유치 제안 서한	국제기구 본부 Dear Sir/Madam:	개최 예정일로부터 2년 전 임의의 날짜 예 June 21st, 2016 July 22nd, 2016
국제회의 초청서한	국제회의 참가자 예 Dear Members: Dear Colleagues:	개최 예정일로부터 6개월~9개월 이전 임의의 날짜 예 December 21st, 2017 October 23rd, 2017
국제회의 연사 초청서한	초청 연사 예 Dear Guest Speaker: Mr. Kennedy: 임의의 세계적 저명 인사 이름	개최 예정일로부터 6개월~9개월 이전 임의의 날짜 예 November 22nd, 2017 October 24th, 2017
등록 확인 서한	국제회의 참가자 예 Dear Member: Dear Mr. Smith: 임의의 외국인 이름 Dear Dr. Smith: 주의: 시험 응시자 자신의 영문 이름 또는 영문 이름 약자를 사용하지 않는다.	개최 예정일로부터 2개월 이전 임의의 날짜 예 April 21st, 2018 April 26th, 2018

- SUBJECT: 제목은 대문자로 표기(예 INFORMATION ON REGISTRATION)
- Body: 본문
- 들여쓰기(들여쓰기에 자신이 없으면 모두 Block form으로 작성한다. Block form은 가운데 정렬하는 Letter head를 제외하고 모든 글자를 왼쪽 정렬로 표기한다.)
- Enclosure: 첨부 서류 표기

(4) Letter, head, 날짜 위치, 제목은 대문자, 띄어쓰기, 맺음말, 첨부 서류 표기 방법과 위치 주의

가. 줄 바꾸기 및 줄 간격 (Letter head, Date, Salutation, Subject, Body, Complimentary close, Signature, Enclosure)

나. 대문자 표기: SUBJECT

LETTER HEAD
[행사명, 행사조직명]

} 2줄

Date: 주어진 조건 중에 서한 작성일이 없으면 임의의 날짜를 정해야 된다.

} 2줄

Dear Members:

} 1-2줄

SUBJECT: 제목은 반드시 대문자

} 1-2줄

(BODY)

본문의 글 (단락)

} 1줄

본문의 글 (단락)

} 2줄

COMPLIMENTARY CLOSE[6]

} 2줄

Gil Dong Hong(SIGNATURE)[7]

Gil Dong Hong[8]

POSITION[9]

} 2줄

Encl.:

다. 페이지 나눔

첨부 서류는 서한과 페이지 나눈다.

(1 페이지) 서한 Enclosure: 첨부 서류 종류 표기
(2 페이지) 첨부 서류(일정표 등)

---

6) Yours sincerely,
   Sincerely yours,
   Faithfully yours,: 가장 정중한 표현
   Yours faithfully,
   Yours truly,
   Yours faithfully,
   Honestly yours,
   개인적 친분이 있는 친한 사이에서는 Best wishes를 사용하는 경우도 있다.
7) 원래 서명은 영문서한을 프린트한 후에 서한 작성자가 하는 것이지만, 컨벤션 기획사 시험에서는 서명의 위치만
   을 표기한다.
8) 협회(국제회의를 유치한 협회) 대표 (PCO는 협회를 대신해서 영문서류를 작성하지만, 일반 참가자가 받게 되는
   협회의 초청장은 협회장 이름으로 작성되어야 한다. 일반 회원의 입장에서 협회 대표의 초청서한을 받는 것이
   일반적이다. 그러나 만약 시험 문제의 본문에서 협회측을 대신해서 PCO에서 서한을 발송한다는 언급된 경우에
   는 PCO대표 명의로 서한을 발송한다.)

첨부 서류의 표기방법과 첨부서류 작성방법을 주의한다.
- Enclosure = Encl.: 첨부 서류가 한 가지인 경우
- Enclosures = Encls.: 첨부 서류가 여러 가지인 경우

첨부 서류가 2개 이상일 경우, 들여쓰기를 맞춘 상태에서 첨부서류 이름들을 나열하면 된다.
- Enclosure: Registration form
- Enclosures: Registration form
  Schedule for accompanying persons

만약 본문에서 We are sending you herewith "첨부 서류"와 같은 표현을 사용했다면 Enclosure: As stated로 표기한다.

그 동안 첨부 서류로는 등록양식, 동반자 일정표(반나절), 관광행사 일정표(반나절) 등이 출제되었다.

라. 첨부 서류 작성할 때 제목 표기 방법

제목: 굵은 글자로 내용 보다 큰 글자로 가운데 정렬한다.

> 예 등록양식: REGISTRATION FORM
>
> 동반자 행사: SCHEDULE FOR SPOUSE PROGRAM

내용: 서한의 글자 크기와 동일하게 설정

3) 회신 서한 (회신 문제에 대한 대비)

등록비 납부를 확인해 주는 등록 확인 서한이 출제되었다.

---

9) position을 적고 한 줄 내려서 organization으로 표기해도 되며, position of organization과 같이 옆으로 나열해서 표기하는 경우도 있다.
Chairperson of Korea Host Committee: 한국측 조직위원회 위원장
Korea ABC Association: 한국 ABC협회 회장
Vice-president of Korea ABC Association: 한국 ABC협회 부회

등록비 납부 확인은 Email로 한다. 따라서 등록비 납부한 회원에게 Email을 보낸다고 가정하고 작성한다.

등록비 납부를 한 회원에 대한 구체적인 정보가 시험 문제 조건에 없을 때, Dear Member라고 하는 것이 가장 무난하다.

4) 주어진 정보 번역할 때 주의할 점

주어진 정보 이외의 내용 번역은 어떻게 할 것인가? 추가 할 것인가 아니면 말 것인가?

(1) 실제 국제회의에서 진행되는 내용을 작성하는 것은 가능하다.

환불 규정, 등록비 종류(사전 등록과 현지 등록), 공항 영접 및 영송

(2) 인원에 대한 표현

번역해야할 정보를 주지 않았지만, 서한 작성에 필요한 표현으로 서한에 포함이 가능한 정보는 무엇이 있을까?

참석자 규모 표현

아시아컨벤션협의회가 주최하고 본 행사의 참가대상은 컨벤션 기관, 기업 대표 및 교수로 내국인 1,000명이다.

The number of participants from the convention organizers, chief executive officers of companies, professors of universities will be approximately 1,000 participants.

☞ 아시아컨벤션협의회가 주최하고 본 행사의 참가대상은 컨벤션 기관, 기업 대표 및 교수로 약 1,000명이다. 1,000명이라고 정확히 딱 떨어지는 참가자 예측은 현실적으로 불가능하기 때문에 약 1,000명이라고 표현할 수 있다.

예 동반자 포함해서 참가자 수가 약 1,000명: about 1,000 participants approximately 1,000 participants and their accompanying persons

(3) 호텔에 대한 표현

국가 경쟁력에 따라서 2-3급 호텔 또는 그 이하의 호텔에서 숙박하는 경우도 있으나 일반적으로 볼 수 없다. 따라서 시험에서는 모든 참가자가 특급 호텔에 투숙하는 것으로 설정하는 것이 바람직하다.

- international standard hotel: 국제회의참가자가 투숙하는 호텔은 일반적으로 특급호텔이기 때문에 가능한 표현

▶ 5 star hotal
  - 5 star deluxe hotel with first-class facilities and highly refined service: 최고의 시설과 세련된 서비스를 제공하는 호텔
  - 5 star hotel with international standard services: 국제수준의 서비스 제공 호텔
  - 5 star hotel with great location: 좋은 위치

▶ deluxe hotel
  - deluxe hotel with good reputation: 좋은 명성

창의적인 정보:
예 22층 호텔 등 창의적인 정보는 포함하지 않는다는 것이 바람직하다.

실제 상황에서는 호텔의 층수까지 알고 있기 때문에 적을 수 있지만, 시험에서는 가상의 호텔을 정해 주기 때문에 실제 상황과 조금 차이가 있다. 그러나 특급호텔이라는 이미지를 부각하기 위해서 높은 층수의 호텔로 표현하고 싶다면 가능할 수도 있다고 판단된다. 창의적인 정보의 영역을 긋기 어렵다.

(4) 관광지에 대한 표현

국제회의 개최지에 대한 표현은 사실적으로 묘사해도 된다.

- attractive tourist spots: 매력적인 관광지
- international convention venue: 국제회의 개최지
- Busan is a beautiful port city.
- Busan is the second largest city in Korea.
- a metropolitan city with the population of more than 15,000,000.
- Seoul is the capital of Korea with over 600 years of history.
- Seoul is Korea's heart of culture, education, politics and economics.

- Seoul is a world-class city with numerous tourist spots and shopping areas.
- Jeju Island is a volcanic island.
- Jeju Island is the largest volcanic island in Korea.
- Jeju Island is an island off the southern coast of Korea.

유명 관광지 표기

서 울

- 용인 민속촌: Yongin folk village
- 비 원: Secret garden (×) : 과거의 표현
  Rear garden (○) : 영문 표기는 현재 사용중인 것을 사용
- 롯데월드: Lotte world amusement park

대 전

- 도산서원: Dosan confucian Academy

광 주

- 남한산성: Namhansanseong Fortress

대 구

- 경주 최씨 고택: Head house of Gyeongju Choi family

부 산

- 자갈치 시장: Jagalchi fish market, Jagalchi fishery market
- 범어사: Beomeosa temple

제 주

- 성산 일출봉: Seonsan sunrise peak
- 천지연 폭포: Cheonjeyeon waterfall

지역명과 같은 고유명사 표기는 약간 틀려도 크게 문제되지 않는다. 외래어 표기가
자주 바뀌고 있다. 우리나라는 아직 외래어 표기가 완전히 통일되어 정착되어 있지 못
한 상태다. Pusan의 표기가 Busan으로 바뀐 것도 최근 몇 년 사이의 일이다.

(5) 공항에 대한 표현

대부분의 컨벤션센터가 위치한 도시 인근에는 국제공항이 있다. 시험 문제의 조건에 공항이라고만 되어 있더라도 실제 상황은 대부분은 국제공항 근처에 컨벤션센터 등이 있다.

- international airport: 해외 참가자가 올 수 있는 공항이기 때문에 가능한 표현

Incheon international airport is on the top ten busiest airport in terms of cargo handling and international passengers.

Incheon international airport easily connects major cities of the world such as China, Japan, America, and Europe.

(6) 컨벤션센터의 위치에 대한 표현: 실제 위치를 설명할 경우

The Coex Convention Center, located in the heart of downtown Seoul, will be the Convention Venue. It is a two hour and thirty-minute drive from Incheon International Airport.[10]

Jeju international airport is located in the north of Jeju Island.

Jeju international airport is located in the northern part of Jeju Island.

(7) 교통 이동 시간

가상의 호텔이라도 서울·제주·부산·광주 모두 공항으로부터 시내 까지 소요되는 일반적인 시간을 표현할 수 있다.

- Hotal A is within one hour and 30 minute drive between A and B.
- Hotal A is within two hour drive between A and B.
- It takes about two hours from the international airport to the host hotel.

---

10) It is a two hour and thirty-minute drive from the Incheon International Airport.: 2시간 30분 거리에 있다.
= It takes about two hours and thirty minutes from the from the Incheon International Airport to the hotel.
It is within a two hour and thirty-minute drive from Incheon International Airport.: 2시간 30분 거리 내에 있다.

(8) 포함

단순한 포함사항의 나열이 아닌, admission, invitation, participation을 넣어서 세련된 표현으로 적는다.

The registration fee includes admission to all the sessions, invitation to welcome parties, participation in the official tour program.

(9) 환율

등록비가 960,000 Korean Won

The registration fee is 960,000 Korean Won, equal to US$ 800 based on the exchange rate of one US dollar to 1200 Korean Won as of June 23rd.

등록비가 USD 1000: 지금까지 시험문제에서 등록비는 미화로 표기되어 출제되었다. 만약 한화료 표기되어 있을 때, 최근 시세 환율을 적을 수 있다. 이 경우 환율은 아주 정확할 필요는 없다.

The registration fee is 1,000 US Dollar, egual to 1,200,000 Korean Won bqsed on the exchange rate of one US dollar to 1,200 Korean Won as of June 22nd.

5) 암기하고 준비해간 서한에서 출제가 되지 않으면 어떻게 할 것인가?

시간이 부족하다면, 출제될 수 있는 범위를 정해서 몇 가지 모범 답안을 암기하고 가는 것도 효과적일 수 있다. 그러나 준비하고 간 문제와 다른 문제가 출제되었을 때 어떻게 준비한 내용을 응용할 것인가도 중요하다.

따라서 준비하는 내용은 출제 가능성있는 모든 문제의 주요 핵심 표현을 모두 포함해야만 된다. 즉, 초청서한 안에 항공·숙박·지상교통·등록·공식관광행사·동반자행사·초록모집을 첨부 파일로 넣어서 모든 가능성 있는 문제를 종합해서 암기하는 방법도 가능하다.

〈 국제회의 유치제안 서한을 초청서한으로 변경하는 요령 〉

국제회의 유치제안 서한 ⇒ 초청서한으로 변경

● 준비한 서한

THE 2018 ANNUAL CONFERENCE FOR THE ASIA-PACIFIC CONVENTION
(Letter Head)

} 2줄

October 12th, 2017

} 2줄

Dear Members:

} 1~2줄

SUBJECT: THE 2018 ANNUAL CONFERENCE FOR ASIA-PACIFIC CONVENTION

} 1~2줄

} 1줄

It is a great honor for you to host the 2018 Annual Conference for the Asia-Pacific Convention, herein after referred to 2018 APC, to be held at ICC Jeju from September 15th to 18th in 2018.

} 1줄

We are pleased to inform you Halla Convention Service has been appointed as the official meeting organizer for the 2018 APC.

} 1줄

Jeju Island is ready to provide you with various accommodations, shopping spectacular scenery, historic places, pleasure spots and traditional hospitality. In this regards, a visit to Korea can be a rewarding experience for all the participants.

} 1줄

We are herewith enclosing the proposal including official conference program, tour program for the 2018 APC.

} 1줄

If you need more detailed information, please do not hesitate to contact[11] us. The Korean Chapter of Asia-Pacific Convention Association will make every effort to make the conference a great success.

} 2줄

Sincerely yours,

} 2줄

GilDongHong (Signature)[12]
Gil Dong Hong
President
Korean Chapter of Asia-Pacific Convention Association

} 2줄

Encls.: As stated

PROPOSAL

} 1~2줄

1. Dates

} 1줄

The conference will be held from October 6th(Wed.) to October 8th(Fri.), 2018.

} 1줄

---

11) please do not hesitate to contact US
   = please feel free to contact US
12) 원래 서명은 영문서한을 프린트한 후에 서한 작성자가 하는 것이지만, 컨벤션 기획사 시험에서는 서명의 위치만을 표기한다.

2. Venue

} 1줄

The conference will take place at Jeju Convention Center, ICC Jeju.

} 1줄

ICC Jeju, located at Jungmoon resort complex in Jeju Island and it will be the convention venue. In 2010 the ICC Jeju had successfully hosted the 2010 IACVB.

} 1줄

3. Registration Fee

} 1줄

Registration fee includes participation in all the sessions[13], breakfasts, day of half tour, invitation to the welcome reception and banquet and ground transportation between airport and hotel as well as between hotels and ICC Jeju Convention Center.[14]

} 1줄

4. Air Accessibility

} 1줄

The official airline, Halla Airlines is pleased to offer you a very specially discounted airfare to all the attendees. A 40% off the regular airfare will be

---

13) participation in all the sessions
   = admission to all the sessions
14) Registration fee includes participation fee for all the sessions, breakfasts, day of half tour, invitation to the welcome reception and banquet and ground transportation between airport and hotel as well as between hotels and ICC Jeju Convention Center.
   = Registration fee covers participation in all the sessions, breakfasts, day of half tour, invitation to the welcome reception and banquet and ground transportation between airport and hotel as well as between hotels and ICC Jeju Convention Center.
   = Participation fee for all the sessions, breakfasts, day of half tour, invitation to the welcome reception and banquet and ground transportation between airport and hotel as well as between hotels and ICC Jeju Convention Center will be included within the registration fee.

offered to the first class users or the business class users. A 60% off the regular airfare will be offered to economic class users.

} 1줄

5. Ground Transportation

} 1줄

Jeju Island will provide all the participants, accompanying persons and their children with the ground transportation. Ground Transportation will be operated between the airport and hotels as well as hotels and tour sites.[15]

} 1줄

6. Hotel Accommodation

} 1줄

The designated Hotel Lotte in Jeju Island will provide you with a special room rate of $120 including a 10% service charge and a 10% value added tax per night.[16]

} 1줄

7. Social Function

} 1줄

We have arranged for you various tour program including a half-day tour program.
Photos taken during the tour will be given to you free of charge.

---

15) Ground Transportation will be operated between the airport and hotels as well as hotels and tour sites.
= Special shuttle bus will be operated between the airport and hotels as well as hotels and tour sites.
= Ground transportation service will be arranged between the airport and hotels as well as hotels and tour sites.
= Ground transportation service will be available between the airport and hotels as well as hotels and tour sites.
16) The designated hotel Lotte in Jeju Island will provide you with a special room rate of $120 including a 10% service charge and a 10% value added tax per night.
= The official hotel of the conference, Lotte in Jeju Island, will provide rooms at a reduced rate to all the participants. The room rate is $120 and it includes a 10% service charge and a 10% value added tax per night.

OFFICIAL CONFERENCE PROGRAM

} 1~2줄

Wednesday, October 6th, 2018

} 1줄

13:00: Arrival in Jeju Island, Korea

15:00: checking in Lotte hotel in Jeju Island

18:00 – 20:30 : Opening session by the President of the Asia-Pacific
Association and Welcome reception

} 1줄

Thursday, October 7th, 2018

} 1줄

07:00 – 09:00 : Several Group breakfast meetings

09:00 – 12:00 : Participation in the event

12:00 – 13:30 : Luncheon

14:00 – 17:00 : Three major breakout sessions

} 1줄

Friday, October 8th, 2018

} 1줄

08:00 – 10:00 : Round-table session

10:00 – 11:30 : Closing session

Afternoon　　 : Sightseeing

19:30 – 23:00 : Farewell Party

HALF – DAY TOUR PROGRAM

} 1~2줄

Friday, October 8th, 2018

} 1줄

```
13:00           : Departure from the Lotte Hotel
14:30 – 15:00 : Cheonjiyeon Water Falls
15:00 – 18:00 : Joongmoon Beach and Shopping areas
18:30           : Arrival at the Lotte Hotel
```

● 초청서한으로 변환

유치서한으로 시험에 대비해서 준비했으나, 준비한 대로 문제가 출제되지 않고 초청서한이 출제된 경우

Korea Asia-Pacific Convention Association
(Letter Head)[17]

} 2줄

March 1st, 2017

} 2줄

Dear Members:

} 1~2줄

SUBJECT: INVITAITION TO THE 2018 ANNUAL CONFERENCE FOR ASIA-PACIFIC CONVENTION ASSOCIATION

} 1줄

On behalf of all the members in the Korean chapter of Asia-Pacific

---

17) Korea Asia-Pacific Convention Association
   (Letter Head)
   KOREA ASIA-PACIFIC CONVENTION ASSOCIATION
   (Letter Head)

Convention Association, it is my great pleasure to invite you to the 2018 Annual Conference for Asia-Pacific Convention Association, which will be held at COEX in Seoul, Korea, from September 15th to 18th, 2018.

} 1줄

We are pleased to inform you DHJ PCO service, has been appointed as the official meeting organizer for the conference.

} 1줄

Seoul is ready to provide you with various accommodations, shopping, spectacular scenery, historic places, pleasure spots and traditional hospitality.

} 1줄

In this regards, a visit to Seoul can be a rewarding experience for all the participants, I hope that you will visit Seoul in order to see a country whose cultural heritage dates back over 5000 years and people who have the custom of welcoming guests warm-heartedly.

} 1줄

Korea Asia-Pacific Convention Association will make every effort to make the convention a great success.

} 2줄

Sincerely yours,

} 2줄

Gil Dong Hong(Signature)[18]
Gil Dong Hong
Chairperson
Host Committee

} 2줄

Encl.: Registration form

---

18) 원래 서명은 영문서한을 프린트한 후에 서한 작성자가 하는 것이지만, 컨벤션 기획사 시험에서는 서명의 위치만을 표기한다.

REGISTRATION FORM

} 1~2줄

Personal data

} 1줄

Name :
Title :
Organization[19] :
Phone number :
E-mail address :

} 1줄

Accompanying person(s):

} 1줄

Name :
Name :

} 1줄

Registration fee

	Pre-registration	On-site registration
Member	문제에서 주어진 등록비 액수	
Non-member	Non-member에 대한 등록비 기준이 없다면 빈 칸으로 두거나 Member보다 높은 등록비 설정	
Accompanying person	Member 등록비의 1/3~1/4 수준으로 설정	

} 1줄

The above mentioned registration fee includes participation in all sessions as well as participation in social functions, and invitation to banquets.

---

19) Organization = Affiliation

} 1줄

Cancellation policy

} 1줄

If your cancellation request is received by us within one month before the opening of the conference, a 80% of the registration fee will be refunded.

} 1줄

If your cancellation request is received by us within two weeks before the opening of the conference, the full refunds will be made except the cancellation charge of USD 50.

3 | 컨벤션기획사 2차 실기시험 영어문제 범위

1) 개별 서한

(1) 서한 종류

가. 초청서한

초청서한과 유치제안서한

초청서한	국제회의 유치제안 서한
국제회의 개최지 결정 후에 회원국에 보내는 국제회의 초청서한	국제기구에 국제회의를 유치하기 위해서 보내는 서한
국제회의 참가	국제회의 개최

나. 초록 / 초청연사 초빙

초 록	초청연사 초청
논문 발표 모집	강연 요청
초록 제출 기준 설명	초청에 따른 혜택 (항공권, 숙박, 교통편, 등록비 면제 등)

다. 숙박 / 등록

내용은 다르지만 숙박과 등록서한은 장소 개념과 시간 개념이라는 큰 틀에서 포함되는 내용이 비슷한 구조로 되어 있다.

숙 박	등 록
숙박 종류별 숙박요금 (호텔, 객실 종류별 숙박요금: 장소의 크기에 따라서 가격의 차등 – 공간적 개념)	등록 종류별 등록비 (사전등록, 현지등록: 등록의 시기별로 등록비 차등 – 시간적 개념)
숙박요금에 포함된 사항 (부가가치세 세금, 봉사료, 식사 등)	등록비에 포함된 사항 (회의 참가비, 환영식, 지상교통, 사교행사, 회의자료 등)
예약금 규정	등록비에는 예약금이 없음
환불 규정	환불 규정

라. 관광행사 / 동반자행사

내용은 다르지만 관광행사와 동반자행사는 일정, 취소상황 등 포함되는 내용이 비슷한 구조로 되어 있다.

관광행사 참가비의 등록비 포함 설명	관광행사 참가비의 등록비 포함 여부
공식관광행사는 일반적으로 등록비에 포함되어 있으며, 주최측에서 비용을 부담해서 제공하기 때문에 환불 개념은 없음.	환불 규정 (등록비에 포함되어 있지 않고 옵션인 경우)
관광지 일정	관광지 일정

(2) 서한 포함 사항

초청서한: 숙박, 등록, 관광을 포괄적으로 언급하는 서한
숙박, 등록, 공식관광행사: 개별 사항만 수록한 서한

2) 서한과 첨부 서류

(1) 초청서한

첨부 서류: 등록

(2) 동반자 행사 (관광행사)

첨부 서류: 동반자 행사(관광행사) 일정표

4 | 바람직한 영어문제 준비 방향

현업에 가서는 시간적 여유가 있기 때문에, 새롭게 창업한 PCO를 제외하고 기존에 사용했던 영문서류들을 참고해서 수정하는 정도다.

컨벤션 기획사 시험에서는 주제별로 개인별 모범답안을 준비해서 암기하는 방법이 단기간내에 준비할 때 가장 효과적이다.

① 초청서한
② 국제회의 유치서한 (유치제안서)
③ 서한 – 등록, 숙박, 동반자행사, 논문모집
④ 첨부 – 등록신청서, 동반자행사 일정표(관광행사 일정표)
⑤ E-mail 서한 – 등록회신

5 | 영문서한별 포함되는 기본 항목과 주요 표현

1) 숙 박

숙박 종류별 숙박요금 (호텔, 객실 종류별 숙박요금)
• The room rate for twin rooms is USD100 per night.
• The room rate for double occupancy is \$100 per night.
• The room rate is \$100 per night, based on double occupancy.

숙박요금에 포함된 사항 (부가가치세 세금, 봉사료, 식사 등)
• The room rate[20] covers a 10% service charge and a 10% value-added tax.

---

20) the room rate
   = the room tariff

- The room rate does not cover a 10% service charge and a 10% value-added tax.
- A 10% service charge and a 10% value-added tax are included within the following room rate.

	Double room	Suite room
Host Hotel		
Sub hotel		

- A 10% service charge and a 10% value-added tax are not included within the above mentioned room rate.
- The above mentioned room rate is valid per night and includes a 10% service charge and a 10% value-added tax.
- The above mentioned room rate is excluding a 10% service charge and a 10% value-added tax.

예약금

- A one night deposit must be paid in advance to confirm your reservation.
- A one night deposit must be paid in advance in order for us to guarantee your reservation.
- A one night deposit of USD 200 must be paid in advance in order for us to guarantee your reservation.

환불 규정

2) 등 록

등록 종류별 등록비 (사전등록, 현지등록)

- The advance registration fee for members is $100.
- The on-site registration fee for members is $100.

등록비에 포함된 사항 (회의 참가비, 환영식, 지상교통, 사교행사, 회의자료 등)

- The advance registration fee covers participation in all the sessions and welcome party, ground transportation between the airport and the official hotels, invitation to the social events, and the conference kit.

- The advance registration fee does not cover participation in all the sessions and welcome party, ground transportation between the airport and the official hotels, invitation to the social events, and the conference kit.

- Participation in all the sessions and welcome party, ground transportation between the airport and the official hotels, invitation to the social events, and the conference kit. are included within the above mentioned (following) advance registration fee.

등록비를 아래에 언급한 경우

- Participation in all the sessions and welcome party, ground transportation between the airport and the official hotels, invitation to the social events, and the conference kit. are not included within the above mentioned (following) advance registration fee.

환불 규정

- 몇 %를 환불해 준다.
  - ☞ 20%를 환불해 준다.: A 20% of the registration fee will be refunded.
    - ☞ 처음 지불했던 등록비 중 20%를 환불해 준다.: A 20% of the original fee will be refunded.
- 몇 달러를 환불해 준다. :
  - 100달러를 환불해 준다.: US$ 100 will be refunded.
    - ☞ If your cancellation request is received by us one month before the opening of the conference, a 80% of the registration fee will be refunded.: -- 이전에 환불요청하면 80%를 돌려받는다.
    - ☞ If your cancellation request is received by us in writing three weeks prior to the opening of the conference, a 20% of the registration fee will be forfeited.: -- 이전에 환불요청하면 20%를 돌려받지 못한다.

a 80 percentage of the registration fee will be refunded

a 20 percentage of the registration fee will be forfeited

☞ If your cancellation request is received by us in writing within three weeks prior to the opening of the conference, a 20% of the registration fee will be forfeited.: 전 -- 이내에 환불요청하면 20%를 돌려받지 못한다.

시 간		Three weeks	Conference	Three weeks	
표현	before three weeks prior to the opening of the conference	within three weeks before the opening of the conference	The opening of the conference	within three weeks after the conference is over	(after) three weeks after the conference is over

☞ If your cancellation request is submitted to us in writing two months before the opening of the conference, a full refund will be made except the cancelation charge of $30.: 환불수수료를 제외하고 환불한다.

3) 관광행사

관광행사 참가비의 등록비 포함 설명
• The cost(s) for the official tour program is included within the registration fee.

관광지 일정

• You are scheduled to visit (장소 이름)
• We plan to take a tour of (장소 이름)
• ~ A trip to (장소 이름) will be arranged.

컨벤션센터를 중심으로 주요 관광지 이름
• ~ is within one hour drive from ABC Convention Center.

4) 동반자 행사

관광행사 참가비의 등록비 포함여부
• The cost(s) for the spouse program is not included within the

registration fee.

- The cost(s) for the spouse program is included within the registration fee.
- The cost(s) for the accompanying persons' program will be covered by the host committee.

환불 규정 (등록비에 포함되어 있지 않고 옵션인 경우)

- If your cancellation is made seventy-two hours or more in advance of the tour date, your payment will be refunded in full. Please visit the information desk at the lobby in front of the conference hall and submit your request.

관광지 일정: 표로 작성

Time	Schedule
	Departure from ~
	Tour of ~
	Return to ~

5) 초 록

회의 목적

- The purpose of the conference is to
- The goal of the conference is to
- The conference aims at ~ing

초록 규정

양식

- The abstrat must be written in the format of Ms Word

마감일

- The deadline of the call papers is the 22nd of September.
- The papers must be submitted before the deadline.
- The papers must be submitted before the 22nd of September.
- The papers must be submitted no later than the 22nd of September.

6 | 영문서한과 첨부 서류의 구성

LETTER HEAD [행사명, 행사조직명]

} 2줄

Date)

} 2줄

Name-1: 초청 연사
Position
Organization (INSIDE ADDRESS)

} 1-2줄

(SALUTATION): [21]

} 1-2줄

SUBJECT: [22] 제목은 반드시 대문자

} 1-2줄

---

21) Gentlemen: 단체장 등 특정인이 아니고 단체 앞으로 보내는 경우 "Gentlemen:" [미국식], "Dear Sirs," 또는 "Dear Sir,"[영국식]을 사용한다.
Ladies: 여성 단체인 경우 = "Dear Madam:" (영국은 앞에 Dear를 붙이지 않고 Mesdames:)
= Gentlemen and Ladies:
= Dear Madam or Sir:
= Dear Sir/Madam: Dear Sir/Madam,
= Dear Sirs/Mesdames: = Dear Sirs/Mesdames,
Dear Mr. Kennedy: = Dear Mr. Kennedy,
Dear Dr. Kennedy: = Dear Dr. Kennedy,
22) SUBJECT: REGISTRATION DEADLINE FOR THE 23RD ABC MEETING
SUBJECT: REGISTRATION DEADLINE FOR THE 23RD ABC MEETING (대문자로 표기하고 밑줄을 친 경우)
SUBJECT: REGISTRATION DEADLINE FOR THE 23RD ABC MEETING (대문자로 표기하고 고딕으로 글자를 진하게 한 경우)
Re: REGISTRATION DEADLIINE FOR THE 23RD ABC MEETING (동일한 제목으로 답신할 경우)

(BODY)

_____

_____

} 1줄

_____

} 2줄

(COMPLIMENTARY CLOSE)[23]

} 2줄

(SIGNATURE)
Gil Dong Hong (Name-2) 주최측 대표
POSITION[24]

} 2줄

Encl.:

　　Letter Head에는 "2018 International Event in Busan" 등의 행사명을 적는
다. 실제 국제회의의 경우, "The World to Daegu, Daejeon to the World" 등의
슬로건을 적을 수 있다.

---

23) Yours sincerely,
　　Sincerely yours,
　　Faithfully yours,
　　Yours faithfully,
　　Yours truly,
　　Yours faithfully,
　　개인적 친분이 있는 친한 사이에서는 Best wishes를 사용하는 경우도 있다.
　　시험에서는 정중한 표현을 사용한다.
24) position of organization로 표기하는 경우도 있다.
　　Chairperson of Korea Host Committee
　　Vice-president of Korea ABC Association

1) Heading: 발송인의 주소와 Date Line[발신일]을 합쳐서 Heading

2장 이상이 될 때는 다음 페이지부터 상단에 "단체명, 발송일, 페이지수"를 적는다.

Gwangju ABC Association

-2-

Gwangju ABC Association

/2

Gwangju ABC Association

../...

Gwangju ABC Association

2/3

협회의 letter head

Korean ABC Association
(협회의 주소, 전화번호)

2) 발신일의 표기는 우리 나라의 경우 미국식을 사용하고 있다.

영국식, 군사 및 과학분야: 2nd September, 2017

} 2줄
2nd September, 2018
} 2줄

미국식: September 2, 2017

} 2줄
September 2, 2018
} 2줄

3) Inside Address

Date Line에서 2행 띄우고 왼쪽에 적는다. 편지지 안의 주소와 편지봉투의 주소를 쓰는 방식은 동일하다. 성명, 직위, 단체명, 주소의 순서로 적는다.

> } 2줄
> September 2, 2018
> } 2줄
>
> Mr. John Smith
> Chairperson
> ABC International Association
> 350 Park Avenue
> New York, NY.
> 10022
> United States of America
> } 2줄

이름 앞에는 반드시 Mr., Mrs., Miss., Ms.[25], Dr. Professor, Governor, General 등의 경칭을 붙인다.

컨벤션기획사 시험에서는 Inside adress를 조건으로 주지 않으므로 Dear Member란 표현만 적는다.

예 Dear Members:

　　Dear Colleagues:

4) Salutation

Inside Address 바로 아래 2행을 띄어 Last name만을 쓴다. 국제회의 서한에서는 대부분 Inside Address에서는 Full Name을 다 적고, Salutation에서는 Last

---

25) Ms. [miz]: 미혼, 기혼에 관계없이 사용하는 여성에 대한 존칭
　　Ms. Hans = Miss Hans

Name을 적는다. 주의할 점은 Salutation에서는 절대로 Full name을 적지 않는다는 점이다.

개인앞으로 보내는 경우는 "Mr. Smith :"와 같이 Last name 끝에 " :[colon]"을 사용하며 국제회의관련 서한은 대부분 " :[colon]"을 사용한다. 육필로 쓰는 사교서한은 ",[comma]"를 사용한다. 미국의 Business letter에서는 "Mr. Smith,"와 같이 ",[comma]"를 사용하고 있다.

단체장 등 특정인이 아니고 단체 앞으로 보내는 경우 "Gentlemen: [26]" [미국식], "Dear Sirs,"또는 "Dear Sir,"[영국식]을 사용한다.

Dear President Smith: / Dear Chairman Smith: / Dear Governor Smith :

제목을 표기하면 무엇에 관한 서한인지를 눈에 띄게 해줄 수 있다. Salutation에서 2행 띄워서 적는다.

Gentlemen:
} 1-2줄
SUBJECT: INVITATION TO ABC CONFERENCE IN GWANGJU

Dear Mr. Smith:
} 1-2줄
SUBJECT: CONFIRMATION OF REGISTRATION

Dear Sirs:
} 1-2줄
SUBJECT: THE 22ND ABC CONFERENCE IN JEJU

---

26) Gentlemen: 단체장 등 특정인이 아니고 단체 앞으로 보내는 경우 "Gentlemen:" [미국식], "Dear Sirs," 또는 "Dear Sir,"[영국식]을 사용한다.
   Ladies: 여성 단체인 경우 = "Dear Madam:" (영국은 앞에 Dear를 붙이지 않고 Mesdames:)
   = Gentlemen and Ladies:
   = Dear Madam or Sir:
   = Dear Sir / Madam: Dear Sir / Madam,
   = Dear Sirs / Mesdames: = Dear Sirs / Mesdames,
   Dear Dr. Kennedy: = Dear Dr. Kennedy,
   Dear Mr. Kennedy: = Dear Mr. Kennedy

5) Body

Salutation 바로 아래 2행 띄어 쓰며, Indented style과 block style의 두 종류가 있다. Indented style은 paragraph 시작 전에 5 - 10자 내의 공백을 남겨 놓고 쓴다. Block style은 공백없이 쓴다. 인터넷에서 주고 받는 전자메일과 미국식의 business letter는 보통 block style을 쓴다. 본 서에서는 Body의 내용만을 Indented style로 하는 Semiblock form의 서한 양식을 채택했다. paragraph와 paragraph는 2행[double space]을 띄운다.

6) Complimentary Close

본문에서 2줄 띄우고 쓴다.

```
} 2줄
Yours sincerely,
} 2줄
```

```
} 2줄
Sincerely yours,
} 2줄
```

7) Signature

Complimentary Close 바로 밑에 쓴다. 서명 밑에는 성명과 직책을 적는다.

```
} 2줄
Yours sincerely,
} 2줄
JohnSmith (Signature)
John Smith
Chairperson
} 2줄
```

서명 밑에 성명, 직책 그리고 소속 기관을 함께 표기하는 경우

> } 2줄
> Yours sincerely,
> } 2줄
> JohnSmith (Signature)
> John Smith
> Chairperson of ABC Association
> } 2줄

8) 첨부물

서명, 작성자 성명, 직책 아래에 첨부물을 표기한다.

> } 2줄
> Yours sincerely,
> } 2줄
> JohnSmith (Signature)
> John Smith
> Chairperson
> } 2줄
> Encls)[27]

7 | 영문서한의 형태별 종류

서한의 종류는 크게 Block Form, Semiblock Form, Modified Block Form,

---

27) Encl. = Enclosure: 첨부물이 한 개인 경우
　　Encls. = Enclosures: 첨부물이 두 개 이상인 경우
　　Enclosure
　　Enclosures: As stated: 첨부물의 내용을 본문에서 언급한 경우
　　Enclosures: A
　　　　　　　　B
　　　　　　　　C

Indented Form이 있다. 여기서는 가장 많이 쓰이고 있는 Block Form, Semiblock Form, Modified Block Form에 대해서만 설명하고자 한다.

1) Block Form

편지를 가장 손쉽고 편리하게 작성할 수 있는 서한 양식이다. 미국의 Business letter로 많이 사용되는 서한의 종류이며, 최근 아시아지역뿐만 아니라 유럽 등 전세계의 젊은 층이 인터넷의 전자메일에서 많이 사용하고 있는 서한의 양식이다.

컨벤션 기획사 시험에서는 쓰기 편한 Block Form을 권장한다.

LETTER HEAD

} 2줄

Date

} 2줄

Dear Members:

} 1-2줄

SUBJECT:

} 1-2줄

Body _____

_____

} 1줄

_____

_____

} 2줄

Complimentary Close[28]

} 2줄

Signature

} 1줄

Name
Name of Organization
Position

} 2줄

Encl.:

2) Semiblock Form

시각적인 균형이 잘 잡혀있어서 영국과 미국의 국제회의관련 서한에서 주로 사용되는 서한 양식이다. Block Form과 다른 점은 본문의 시작을 5자 내지 10자 Intend시켜서 작성하며, Date, Complimentary close, Signature를 오른쪽에 놓고, Block Form과 차이점은 Salutation 끝에 콜론(:), Complimentary Close의 끝에 코머(,)을 찍는다는 것이다.

---

28) Yours sincerely,
Sincerely yours,
Faithfully yours,
Yours faithfully,
Yours truly,
Yours faithfully,
개인적 친분이 있는 친한 사이에서는 Best wishes를 사용하는 경우도 있다.

3) Modified Block Form

Block Form과 차이점은 Salutation 끝에 콜론(:), Complimentary Close의 끝에 코머(,)을 찍으며, Date, Complimentary close, Writer's name, position, Signature 만을 오른쪽에 놓는다는 것이다.

LETTER HEAD

} 2줄

Date

} 2줄

Dear Members:

} 1-2줄

SUBJECT:

} 2줄

Body _____

_____

} 2줄

_____

_____

} 2줄

Complimentary Close[29]

---

29) Yours sincerely,
   Sincerely yours,
   Faithfully yours,
   Yours faithfully,
   Yours truly,
   Yours faithfully,
   개인적 친분이 있는 친한 사이에서는 Best wishes를 사용하는 경우도 있다.

} 2줄

Signature
Gil Dong Hong
Position

} 2줄

Enclosure: A

8 | 일반적인 국제회의 초청서한 구성

　제한된 시간내에 완성해야 되기 때문에, 컨벤션기획사 시험에서 초청서한의 모든 구성내용이 출제될 가능성은 전혀 없다.

　초청서한에 들어가는 모든 구성요소 중에서 일부 주요 내용의 조합을 선택해서 출제되고 있다.

예 초청서한과 동반자행사 일정표

1. 신청서를 각각 별도로 제작할 경우

초청 서한 -1-	첨부 서류 등록 안내문 -2- 등록 신청서 -3-	숙박 안내문 -4- 숙박 신청서 -5-	교통 (항공 및 ground transpo rtation) -6-	동반자 행사 안내문 -7- 동반자 행사 신청서 -8-	공식 관광행사 안내문 -9-	회의 일정표 (임시) -10-	각종 사교행사 일정표 -11-

초청 서한	첨부 서류 회의 일정표 (임시)	각종 사교행사 일정표	등록 안내문 등록 신청서	숙박 안내문 숙박 신청서	교통 (항공 및 ground transpor tation)	동반자행사 안내문 동반자 행사 신청서	각종 사교행사 일정표

2. 등록 안내를 첨부 파일 중 맨 먼저 소개하고 하나의 등록 신청서에 필요한 기재 사항이 모두 포함되도록 제작하고 숙박, 교통 등의 안내문을 등록 신청서 이후에 첨부할 경우

초청 서한	첨부 서류 등록 등록 신청서 (숙박, 동반자)	숙박 안내문	교통 (항공 및 지상) 안내문	동반자 행사 안내문	공식 관광행사 안내문	회의 일정표 (임시)	각종 사교행사 일정표

3. 등록, 숙박 등 안내 사항을 계속 연결해서 작성하고 하나의 등록 신청서를 필요 한 사항을 모두 포함해서 제작할 경우

초청 서한	첨부 서류 등록 숙박 교통(항공 및 ground transportation) 동반자행사 공식관광행사	등록 신청서	회의 일정표 (임시)	각종 사교행사 일정표

초청 서한	첨부 서류 회의 일정표 (임시)	각종 사교행사 일정표	등록 숙박 교통(항공 및 ground transportation) 동반자행사 공식관광행사	등록 신청서

9 | 영문서한 주요 구성요소별 문제풀이 과정 분석

1) 숙박

(PCO에 용역을 맡긴 경우)

(상황 설명)

아래의 내용을 토대로 숙박 안내문을 작성하시기 바랍니다.

2018년 11월 21일에서 23일의 일정으로 제주 Hotel Emerald에서 개최되는 국제회의에서

(언제 및 어디서)

ABC 국제회의 사무국에서 DEF 국제회의전문용역업체에게 참가자의 객실 예약 업무를 맡길 예정이다.

(누가)

누가 1: 주최

누가 2: 주관

객실 예약을 희망하는 참석자는 1박에 해당하는 예치금을 신용카드 또는 전신환으로 미리 지불해야 한다.

(무엇을 및 어떻게)

숙박 신청서를 작성하여 DEF로 보내줄 때 1박의 숙박 예치금 지불 영수증 사본을 DEF로 2018년 9월 31일전까지는 우송해 주어야 한다.

(포함)

숙박비에 10% 봉사료와 10%의 부가세가 추가됩니다.

(예치금)

환불 요청은 반드시 문서로 해야 하며 2018년 9월 22일 이전까지 할 경우 송금 수수료인 30달러만 제외하고 환불받을 수 있다. 환불은 회의가 종료된 후에 받을 수 있다.

(환불)

Hotel Emerald는 더블룸 100, 스위스룸 100개로 구성된 특급호텔이다.

(부수적인 사항)

2018년 11월 21일-23일 Hotel Emerald의 객실 예약율은 더블룸과 스위트룸 각각 50%인 상황이다.

서한 작성일: 2017년 6월 1일

Korea ABC Association
(Letter Head)

June 21, 2017

Dear Participants:

SUBJECT: INFORMATION ON ACCOMMODATION

(회의 개요 소개)
We would like to express our appreciation for your interest in the 2018 ABC Annual Conference to be held at Hotel Emerald in Jeju from the 21st to the 23rd of November in 2018.[30]

(주관업체를 소개하고 주관업체의 역할 소개)
We are pleased to inform you DEF Meeting Service, hereinafter referred to DEF, has been appointed as the official meeting organizer for the 2018 ABC Annual Conference.[31]

---

30) On behalf of the people in Seoul, Korea, I am much pleased to invite you to the 2018 ABC Convention to be held in Jeju from the 21st to the 23rd of November, 2018.
31) Meeting planner는 협회, 기관, 단체를 위해서 일하는 분들이므로 자신이 직접 앞에 자신들의 이름을 내세워서 메일을 보내는 것은 바람직하지 않다. If you need further information please contact at

(예약 방법)

A block of rooms has been reserved for the participants.[32] Those of you who want to reserve rooms should pay in advance a deposit of one night's accommodation, equal to 200 dollar, by credit card or money order.[33]

(포함사항)

A 10% service charge and a 10% value added tax will be added the room rates. Breakfasts are included within the room rates.[34]
Please fill out the enclosed application form and send it to DEF Meeting Service with one copy of the payment receipt no later than September 31st.

(환불)

Request for refund should be made in writing. If the refund requests are received by DEF on or before the 22nd of September in 2018, a full refund will be issued less a cancellation charge of US$ 30.[35]

Refunds will be processed after the conference.

The available rooms in designated hotels are limited and up to 50 percent of

---

fatherofsusie@hotmail.com으로 연락처를 PCO 직원 앞으로 해놓는 경우도 외국의 단체,기관에서 그 메일 주소만으로는 한국의 협회, 기관, 단체의 직원인지 PCO직원인지 전혀 모른다. 비록 협회, 기관, 단체에서 영어를 못하기 때문에 또는 경험이 부족하기 때문에 Meeting planner에게 부탁해서 도움을 받아 영문서한을 작성하여 외국의 학자, 단체, 기관(Chapter)에게로 공식 초청서한과 논문 모집 안내 서한을 보내더라도 정면에 내세우는 것은 협회 명의의 서한이어야 한다. 시험 문제의 조건에 Meeting planner의 이름을 조건으로 주었다면 Meeting planner를 서한 본문에서 소개하는 내용이 있는가를 보고자 하는 것이다. 더구나 실제 상황이라면 PCO를 소개조차 하지 않을 수도 있다. 마치 모든 것을 한국의 협회, 기관에서 다 알아서 하는 것처럼 보일 수 있기 때문에 한국의 협회, 기관에서 외국의 Chapter들에게 자랑스럽고 뿌듯한 자세로 일할 수 있을 것이다. 시험이기 때문에 PCO에 대한 정보가 문제의 조건 중에 포함되어 있다면 반드시 소개하는 문장을 포함해서 영문서한을 완성해야 한다.

32) A block of rooms has been reserved for the participants.
A block of rooms has been reserved for 2018 ABC Conference.
A block of rooms has been booked for the participants.
A block of rooms has been held for the participants.
A block of rooms has been set aside for the participants.
33) Those of you who want to reserve rooms should pay in advance a deposit of one night's accommodation, equal to 200 dollar, by credit card or money order.
= Those of you who want to reserve rooms should pay in advance a deposit of one night's accommodation by credit card or money order. The room rate for twin rooms is 200 dollar.
34) Breakfasts are included within the room rates.
= Breakfasts will be provided to all the participants.
35) 송금수수료 30불을 제외한다는 정보를 준 경우: A full refund will be issued less a cancellation charge of US$ 30.
시험문제에서 송금수수료 액수에 대한 정보를 주지 않으면: A full refund will be issued less a cancellation charge.

suite rooms and double rooms are already reserved. Therefore, we strongly recommend you to make an early reservation unless you might have problems in finding rooms.

We are looking forward to seeing you in Jeju.

Sincerely yours,

(Signature)
Gil Dong Hong
Chairperson
Korea ABC Association

Encl.: As stated

● 숙박 신청서 샘플

  • 숙박자 개인정보
  • 객실 종류
  • 객실 가격에 포함된 사항

APPLICATION FORM FOR ACCOMMODATION

Personal data

Name :
Organization :
Phone number:
E-mail address :

Room rates

Hotel	Room type	
	Double	Suite room

The above mentioned room rate does not include breakfast as well as a 10% service charge.

Date :

Signature
Name:

● 참고 사항: 등록 신청서

• 등록자 개인정보
• 동반자 정보

REGISTRATION FORM

Personal data

Name :
Organization
Phone number :
E-mail address :

Accompanying person(s)

Name :

	Pre-registration	On-site registration
Member	시험문제의 조건에 주어진 액수 만약 금액을 조건으로 주지 않을 경우, 임의의 등록비를 입력한다.	
Non-member		
Accompanying person		

Registration fee
The above mentioned registration fee includes participation in all sessions as well as participation in social functions, and invitation to banquets.

- 등록비 종류
- 등록비에 포함된 사항

2) 동반자 행사

(상황 설명)

2018년 6월 21일에서 23일의 일정으로 서울 Emerald Hotel에서 개최되는 국제회의에서 하루 일정으로 동반자 행사를 기획하여 안내문 및 일정표를 영문으로 작성하세요.

(언제 및 어디서)

동반자 행사 접수 및 일정 진행은 DEF여행사에서 맡아서 한다.

(누가)

행사 참가비는 개인별로 부담한다.

(어떻게)

참석 인원이 10명 이하면 행사는 취소되면 전액 환불된다.

동반자 행사의 참가비에는 교통편 제공, 점심 식사비, 입장료, 관광안내원의 비용이 모두 포함되어 있다.

(무엇이 포함되어 있는가?)

(부수적인 사항)

참석 희망자는 호텔 1층 로비에 설치된 DEF여행사 카운터에서 직접 하시기 바랍니다.

서한 작성일: 2018년 2월 20일

Korea ABC Association
(Letter Head)

February 20, 2018

Dear Members:

SUBJECT: INFORMATION ON SPOUSE PROGRAM

We are pleased to offer a spouse program for those of you who will accompany spouses in the 2018 ABC Annual Conference at Hotel Emerald, Seoul from June 21st to June 22nd, 2018.

DEF Travel agency will take care of the registration process of the spouse program.[36]

The cost of the spouse program is at your own expense.[37] The participation fee includes transportation, lunch, entrance fee and tour guide. If less than 10 people register[38], the spouse program will be cancelled and a full refund will be made.

Accompanying persons who want to participate in this upcoming conference should register at the information desk on the first floor, Hotel Emerald.

If you need further information, please do not hesitate to contact us.

Looking forward to seeing you in Seoul.

Sincerely yours,

Gil Dong Hong
Chairperson
Korea ABC Association

Enclosure: Spouse program

---

36) DEF Travel agency.will take care of the registration process of the spouse program.
   = We are pleased to inform you DEF Travel Agency hereinafter referred to DEF, has been appointed as the official travel agency for the spouse program.
37) The cost of the spouse program is at your own expense.
   = The cost of the spouse program will not be covered by the Host Committee.
38) If less than 10 persons join the program
   = If less than 10 people participate in the program
   = If less than 10 persons register
   = If less than 10 persons are registered
   = If less than 10 persons sign up
   = Unless more than 10 persons register
   = Unless more than 10 people participate in the program
   = A minimum number of 10 participants are need to run the program. if the number is not reached
   = The program requires a minimum number of 10 participants. if the number is not reached

SPOUSE PROGRAM

June 21st, 2018

09:00	Departure from Hotel Emerald
10:00 – 01:00	Visit to National Folk Museum
01:00 – 02:00	Luncheon
02:00 – 04:00	Tour of Rear Garden
05:00	Arrival at Hotel Emerald

June 22nd, 2018

09:00	Departure from Hotel Emerald
10:00 – 12:30	Visit to Changdeokgung Palace
12:30 – 01:30	Lunch
01:30 – 04:30	Excursion to Namdaemoon Open Market
05:00	Arrival at Hotel Emerald

June 23rd, 2018

09:00	Departure from Hotel Emerald
10:00 – 01:00	Tour of Kyungbokgung Palace
01:00 – 02:00	Luncheon
02:00 – 04:00	Excursion to Insadong District (Antique shops and galleries)
05:00	Arrival at Hotel Emerald

3) 공식 관광 행사

(상황 설명)

2018년 5월 21일에서 23일의 일정으로 부산 Hotel Emerald에서 개최되는 국제회의에서 국제회의 개최전 관광 행사를 기획하여 안내문 및 일정표를 영문으로 작성하세요.

(언제 및 어디서)

관광행사 접수 및 일정 진행은 DEF여행사에서 맡아서 한다.

(누가)

행사 참가비는 국제회의를 유치한 한국 ABC 국제회의 개최준비위원회측에서 부담하지 않고 개인 부담이다.

(어떻게)

(무엇이 포함되어 있는가?)

서한 작성일: 2018년 2월 20일

Korea ABC Association
(Letter head)

February 20, 2018

Dear Members:

SUBJECT: INFORMATION ON POST-CONFERENCE TOUR

We would like to express our appreciation for your participation in the 2018 ABC Conference to be held in Daegu City from the 21st to the 23rd of July in 2018.

DEF Travel Corp. has been appointed as the official travel agency for the tour arrangement. They will make arrangement for the tour to make your stay in Korea more enjoyable and memorable.

We should be most grateful of you if you could participate in the official tour. The cost of the tour will be a personal expense.[39]

Enclosed please find the more detail information on the tour.

Looking forward to your affirmative reply.

Sincerely yours,

Gil Dong Hong (signature)
Chairperson
Korea ABC Association

Enclosure: Itinerary

---

39) The cost of the tour will be a personal expense.
   = The cost of the tour will not be covered by the registration fee.

● 관광 행사

(상황 설명)

2018년 7월 21일에서 23일의 일정으로 대구 Emerald Hotel에서 개최되는 국제 회의에서 국제회의 종료 후 관광행사를 기획하여 안내문 및 일정표를 영문으로 작성 하세요.

관광행사 접수 및 일정 진행은 DEF 국제회의전문용역업체에서 맡아서 한다.

참석 인원이 10명 이하면 행사는 취소되고 다른 관광 일정을 선택해서 알려드릴 것 입니다.

참석 희망자는 DEF 국제회의전문용역업체의 성춘향양(Choon-Hyang Sung)[40]에 게 전자메일로 미리 알려주시기 바랍니다.

성춘향양의 전자메일 주소는 fatherofsusie@hotmail.com.

행사 참가비는 국제회의를 유치한 한국 ABC 국제회의 개최준비위원회측에서 부담한다.

서한 작성일: 2017년 3월 19일

Korea ABC Association

(Letter Head)

March 19, 2017

Dear Participants:

SUBJECT: INFORMATION ON POST-CONFERENCE TOUR

Thanks in advance for your participation in the 2018 ABC Annual Conference to be held in Deagu from July 21 to July 23, 2018.

We are pleased to inform you that DEF Meeting Service will carry out the registration procedure and operation of a post-conference tour.

The cost of the tour will be covered by Korea ABC Association. If the

---

40) 남원시에서는 춘향을 Chunhyang으로 표기
춘향전의 영화제목은 The life of Chunhyang으로 표기

participants are less than 10 persons, the tour will be cancelled and we will inform you of alternative tour programs.

Those of you who wish to join the tour are required to notify us of your intention to participate in the tour in advance.

Please find the enclosed tour program and contact us if you have any further question or need further information.

Sincerely yours,

Gil Dong Hong
Chairperson
Korea ABC Association

Enclosure: Post-conference tour program

POST-CONFERENCE TOUR PROGRAM

Tuesday, July 24, 2018

Date	Schedule
09:00 am	Departure from Hotel Emerald, Daegu
12:30 am – 01:30 pm	Tour of Daegu Confucian shrine
01:30 pm – 04:00 pm	Lunch
04:00 pm – 05:00 pm	Tour of Memorial Hall of Martyr
05:00 pm	Arrival at Hotel Emerald, Daegu

4) 초록 제출

(상황 설명)

2018 ABC 국제회의는 2018년 11월 21일부터 23일까지 서울의 Emerald Hotel에서

실시될 예정이다. 2018년 ABC국제회의의 주제는 아시아지역 컨벤션 산업의 발전이다.

초록의 마감은 2018년 6월 13일까지이고 초록의 원고는 500자 이내로 작성한다. 논문심사위원회에서 발표하기에 적절한 논문을 선정할 것이다.

논문심사위원회 위원장 이름: 홍길동(Gil Dong Hong)
세계 ABC협회 회장 이름: John F. Kennedy
서한 작성일: 2017년 3월 19일

Korea ABC Association
(Letter Head)

March 19, 2017

Dear Members:[41]

SUBJECT: CALL FOR ABSTRACTS

We[42] are very pleased indeed to extend our warm invitation to you and all of your members[43] for the 2018 ABC Annual Conference which will be held at Hotel Emerald in Seoul from the 21st to the 23rd of November in 2018.[44]

---

41) Dear Members: 회원께 공지할 때 = Dear Colleagues:
Dear Participants: 참석이 결정된 분 회원분들께 공지할 때
42) 국제회의 개최, 운영과 관련하여 주고받는 메시지는 숙박, 등록, 초청, 회의 주제 등 매우 다양한 내용이 포함될 수 있다. 이와 같은 다양한 내용을 문서를 통해 메시지를 전달하는 방법 중에서 서한, 전자메일, 팩스 등으로 나누어 볼 수 있다. 국제회의의 공식 서한에서는 "I", "We"가 모두 골고루 사용되고 있다. 국제회의관련 공식 서한에서는 개인의 이름으로 서한을 보내더라도 그 개인이 속한 조직의 이름, 주소 등이 letter head로 인쇄된 용지를 사용하는가 아니면 사적으로 구입한 용지를 사용하는가에 따라서 표현이 달라질 수 있으며, 서한의 메시지가 개인에 관한 내용인가 또는 조직의 의사가 담긴 내용인가에 따라서 표현이 달라진다. 공식 서한은 비록 개인의 싸인이 들어가는 서한이라고 하더라도 그 메시지에 조직의 의사가 담겨 있는 경우라면 서한을 작성한 그 개인이 소속된 조직을 대표하여 작성하는 것이므로 "I" 보다는 "We"가 바람직하다. 공식 서한이라도 초청연사가 개인 의지에 따라서 참가 또는 불참의 의사를 밝히는 서한이라면 "I"를 사용해야 하며, 참가자가 전자메일로 등록, 숙박과 관련하여 개인별 의사를 전달할 때는 "I"를 사용하는 것이 맞다. Letter Head가 인쇄된 조직의 공식 서한을 사용한 서한이라면 "We"로 하는 것이 바람직하며 사적으로 구입한 용지를 사용해서 작성된 서한이라면 "I"로 해야 맞다. 공식 서한에서는 "I"와 "We"를 섞어서 표현하는 사례도 매우 빈번하다.
43) you and your members: 국제회의를 유치한 국가에서 다른 회원국과 그 회원국의 회원들께 보낸다는 뜻으로 서한을 작성할 때 자주 사용하는 표현
We are very pleased indeed to extend our warm invitation to you and all of your members for the 2018 ABC Annual Conference.
44) = We are very pleased indeed to extend our warm invitation to you and all of your members for the 2018 ABC Annual Conference to be held at Hotel Emerald in Seoul from the 21st to the 23rd of November in 2018.

The main topic of the conference is the development of convention industry in Asia.[45]
The deadline for the abstracts is June 13, 2018.
Abstracts must be written within 500 words.[46]

We welcome all abstracts related to the theme of the conference. The authors of the accepted abstracts will be asked to submit their full papers to be presented at the conference.[47] The review committee will select the most relevant papers to be presented at the conference.[48]

If you need further information, please feel free to contact us. We are looking forward to seeing you in Seoul.

Sincerely yours,

GilDongHong(Signature)
Gil Dong Hong
Review Committee Chairman

= We are very pleased to extend our warm invitation to you to participate in the 2018 ABC Annual Conference which will take place at Hotel Emerald in Seoul from the 21st to the 23rd of November in 2018.
= We are very pleased to extend our warm invitation to you and all of your members for the 2018 ABC Annual Conference which will take place at Hotel Emerald in Seoul from the 21st to the 23rd of November in 2018.
= We are very pleased indeed to extend our warm invitation to you and all of your members for the 2018 ABC Annual Conference which will take place at Hotel Emerald in Seoul from November 21 to November 23, 2018.
45) = The main topics of the conference will include the development of convention industry in Asia.
46) The abstract length should not exceed 500 words.
　= The abstract length should be less than 500 words.
　= The abstract must be within 500 words.
47) = All abstracts are subject to acceptance or rejection by the review committee and accepted papers will be presented at the conference.
　논문 심사위원회: review committee, adjudicating committee, program committee
48) The review committee will select relevant papers to be presented at the conference.
　= The review committee will select the most relevant papers to be presented at the conference.
　= The review committee will select most relevant papers for presentations.
　= Careful selection of relevant papers will be performed by the review committee.
　= All of the submitted abstracts will undergo a reviewing process by the program committee.
　(program committee가 review committee의 역할을 함께 하는 경우)
　= All the submitted abstracts are subject to a peer-reviewing process by the program committee.
　All abstracts will be reviewed by the program committee.
　= All abstracts will be examined by the review committee.
　= All abstracts will be reviewed by the adjudicating committee.
　= The program committee will review all the abstracts.

Korea ABC Association
(Letter Head)

March 19, 2017

Dear Members:

SUBJECT: CALL FOR ABSTRACTS

We are very pleased[49] to extend our warm invitation to you to participate in the 2018 ABC Annual Conference which will be held at Hotel Emerald in Seoul from November 21 to November 23, 2018.

Abstracts must not exceed 500 words. The abstracts must be submitted no later than June 13, 2018.

We cordially welcome you to submit abstracts for the conference.[50] The topic of the conference is the development of convention industry in Asia.

The program committee will review all submitted abstracts and select the most relevant papers for presentation. The authors of the accepted abstracts will be asked to submit their[51] full papers.

If you need further information regarding call for papers, please do not hesitate to contact us.[52] We are looking forward to the pleasure of seeing you at the conference.

Sincerely yours,

GilDongHong(Signature)
Gil Dong Hong
Review Committee Chairma

---

49) We are pleased to
    = We are very pleased to
    = We are most pleased to
50) Abstracts are cordially invited for the presentation in the conference
    = We cordially invite you to submit abstracts for the conference.
51) their full papers (O)
    your full papers (X)

```
국제기구  ───  한국협회
   │              │
해외 참가자 ─── 논문 제출자
```

Korea ABC Association
(Letter Head)

March 19, 2017

Dear Members:

SUBJECT: CALL FOR ABSTRACTS

It is a great honor for us to host the 2018 ABC Annual Conference which will be held at Hotel Emerald in Seoul from November 21 to November 23, 2018.

Abstracts under the theme of "the development of convention industry in Asia" are cordially invited.

The length of the abstracts should not exceed 500 words. Abstracts must be sent to the review committee no later than June 13, 2018.[53] Careful selection of relevant abstracts will be performed by the program committee and the presenting author will receive notification of acceptance. Authors of the accepted abstracts will be asked to submit their full papers. Full papers will be published and presented on the session.

If you need more detailed information, please feel free to contact us.

Sincerely yours,

GilDongHong(Signature)

Gil Dong Hong

Review Committee Chairman

---

52) If you need further information on call-for-papers, please do not hesitate to contact us.
 = If you need further information on call for papers, please post your questions to us directly via e-mail.
 = If you need further information about call-for-papers, please feel free to contact us.
 = If you need further information regarding call for papers, please feel free to e-mail me at fatherofsusie@hotmail.com.
53) Abstracts must be send to the adjudicating committee no later than January 13, 2018.
 = Abstracts must be submitted to us no later than January 13, 2018.
 = The abstracts must be received no later than January 13, 2018.
 = The deadline of abstract submission is January 13, 2018.

5) 등록

아래의 상황과 조건을 토대로 등록 신청서와 등록 안내문을 작성하시오. 등록 안내문을 등록 안내 서한의 형태로 작성해도 가능하다.

한국 ABC협회에서는 인터넷에 홈페이지를 개설하여 모든 공지사항을 참가자에게 알려주는 방법을 채택하였다.
- 회의 명칭: 2018 ABC Annual Conference
- 회의 개최 예정일: 2018년 10월 22일
- 개최 예정지: 서울
- 본부 호텔: 개최 예정지의 실제 호텔을 선택해도 되며 가상의 호텔을 설정해도 된다.
- 회의 유치: 한국 ABC 협회
- 담당자의 전자메일 주소: 본인의 실제 전자메일 주소를 사용한다.

조기 사전 등록비, 사전 등록비, 현지 등록비로 구별한다. (등록비의 액수는 임의로 설정할 수 있다.)

조기 사전 등록일 마감과 사전 등록 마감일을 임의로 설정할 수 있다.

지불 방법은 신용카드, 송금환으로 한다.

송금환을 위한 은행명, 은행지점명, 은행지점의 주소, 계좌번호는 임의로 설정할 수 있다. 은행 수수료는 송금자가 부담한다.

사무국에서는 등록 신청서와 함께 등록비를 접수받으면 등록 확인 서한을 발송한다. 등록 가방과 참가자 명찰을 받기 위해서는 동 등록 확인 서한을 본부 호텔의 1층 로비에 설치될 등록 데스크에 제출하여야 한다.

환불 규정에 대해서 설명한다. 환불은 반드시 문서로 해야 하며 환불의 요청은 개최되기 14일 이전에 요청하면 환불 수수료로 $30를 제외하고 전액 환불하며 개최 예정일 6일 전에 할 경우 환불은 불가능하고 대리 참석자를 보낼 수 있다.

등록 신청서에 들어갈 항목은 개인 신상정보, 동반자 여부에 따른 신상정보 그리고 등록비에 포함되는 항목을 넣는다. 등록비에는 각종 사교 행사, 회의, 공항과 호텔간 교통편 제공, 공식 관광행사가 포함된다. 공식 관광행사는 회의 전 또는 회의 후 중 하나를 임의로 선택한다. 동반자를 위한 행사는 현지에 도착한 후에 참석 여부를 결정하는 방식으로 한다. 개인 부담이며 참가 인원이 10명 이하면 행사는 취소될 수 있다. 동반자를 위한 행사는 회의 개최 기간 동안 한국의 문화와 자연을 즐길 수 있는 프로그램으로 작성하며 장소는 국제회의 개최 예정지 근교 범위 내로 정한다.

등록비를 사전 납부한 참가자에게 발송하는 등록 확인서도 작성한다.

Korea ABC Association
(Letter Head)

May 9, 2017

Dear Members:

SUBJECT: INFORMATION ON REGISTRATION

It is a great honor for Korea ABC Association to host the 2018 ABC Conference to be held on October 22nd, 2018.

We are sending you the application forms for the registration. We should highly appreciate your kindness to fill out these forms completely and send them to our Association no later than November 20th, 2018[54]

Registration fee includes participation fee and various banquets, official tour program and shuttle bus from the airport to the Emerald Hotel.

Registration forms must be accompanied by payment.[55] The easiest way to register is via the Internet, starting from May 15th 2018.

---

54) no later than November 20, 2017
   = be November 20, 2017
   시험 문제에서 사전등록 마감일에 대한 정보를 주면 그대로
   시험 문제에서 사전등록 마감일에 대한 정보를 주지 않으면 3개월 전 정도 설정
55) Registration forms must be accompanied by payment.
   = Registration forms must be accompanied by full payment in order to be processed.
   = Registration forms must be accompanied by payment of registration fees.
   = Registration forms must be accompanied by money order or credit card.

If the registration is completed, you will receive a confirmation of your registration within four to six business working days via e-mai or, fax.

If you request your cancellation 14 days before the Conference, we will return your registration fee except $30 as a cancellation charge. But if your refund request is received six days before the Conference, no refunds will be made. But any substitute can participate in the conference instead of the registrant. Any cancellation must be notified to the secretariat in writing for the refund .

For your information, I am herewith enclosing the Registration Information and the registration form. Please read carefully and follow instructions.

If you have any question regarding registration, please feel free to contact US or visit the following Internet homepage.

www.2018ABCconference.co.kr.

We are looking forward to seeing you in Seoul.

Sincerely yours,

Signature
Gil Dong Hong
Manager
Korea ABC Association

Encls: As stated

REGISTRATION FORM

PARTICIPANT INFORMATION

Title: (Dr. / Prof. / Mr. / Mrs. / Ms. / Miss / other, please state)

First Name: Last Name:

Position / Job title

Address

City: Postal Code: Country:

Phone: Fax: E-mail:

Accompany person

Title: (Dr. / Prof. / Mr. / Mrs. / Ms. / Miss / other, please state)

First Name: Last Name:

Special Requirements

REGISTRATION FEE

	Early bird registration (Paid by July 3, 2017)	Advance registration (Paid by September 15, 2017)	On-site registration
Delegate	US$ 500	US$ 550	US$ 600
Accompanying person	US$ 250	US$ 270	US$ 300

TOTAL: US$

* NOTE: 1) Registration fee for regular participant includes admission to all congress sessions, final program and abstract book, lunches, refreshments, welcome reception and access to the exhibition.

2) The accompanying person's fee includes lunches, refreshment breaks, welcome reception and access to the exhibition.

Please complete this form and return it to the secretarial office of 2018 ABC Annual Conference

Korea ABC Association
(Letter Head)

June 9, 2017

Dear Member:

CONFIRMATION OF REGISTRATION

We are pleased to confirm that we have received your registration form and acknowledge receipt of the fee(s) for the 2018 Annual Conference in Seoul.

Please be sure to bring this letter and the ticket with you at the conference venue. You will receive a congress kit in exchange for this ticket.

Looking forward to seeing you in Busan.

Sincerely yours,

Gil Dong Hong (Signature)
Gil Dong Hong
Host Committee

Enclosure: Receipt of payment (컨벤션 기획사 시험 답안에서 Receipt of payment 영수증 첨부 생략 가능)

*제목을 SUBJECT: CONFIRMATION OF REGISTRATION으로 표기해도 된다.

RECEIPT OF PAYMENT

Date

Registration number:
Name:

〈 Case 1 〉

Item	Amount	Received amount
Registration fee for participants	US$	US$
Registration fee for accompanying persons	US$	US$
Hotel deposit	US$	US$
Settlement of accounts	Total	
	Received[56]	
	Debit[57]	

〈 Case 2 〉

Item	Received amount
Registration fee for participants	US$
Registration fee for accompanying persons	US$
Total	

---

56) Received = Amount already paid
57) Debit = Balance due

6) 답신 또는 등록 확인 서한

Korea ABC Association

(Letter Head)

June 9, 2018

Dear Mr. A(수험자 이름 제외하고 가상의 이름도 가능):

CONFIRMATION OF REGISTRATION

This is to confirm that your registration has been completed.

Please be sure to bring this letter of confirmation with you to facilitate the process at the conference venue. You will receive a congress kit on showing this letter of confirmation.[58]

Registration number:

Number of accompanying person:

Name of accompanying person:

If you have any question about the registration, please feel free to contact us.

Sincerely yours,

Gill Dong Hong (Signature)

Gill Dong Hong

Host Committee

---

58) You will receive a congress kit on showing this letter of confirmation.: 확인서를 보여주고 congress kit를 받는 경우
You will receive a ticket for a congress kit in exchange of this letter of confirmation.: 확인서를 보여주고 congress kit 교환권을 받고 그 교환권으로 congress kit를 받는 경우

10 | 컨벤션기획사 2차 실기시험 문제 유형과 답안 샘플

┃ 문제 1 ┃

다음의 회의취지를 읽고 제시된 조건과 참고사항을 활용하여 영문서한을 작성하시오.

☞ 회의취지

한국 의학의 활성화를 위하여(회의 목적), 대한의학회에서는 제25차 국제 의학 연구학회 연차총회를 부산에서(장소) 개최코자 한다. 이 행사를 주관하는 (주)용두산 컨벤션 서비스의 컨벤션 기획사인 당신은 참가 대상자들에게 초록 제출(무엇을)을 권유하고 등록 및 논문 제출 방법을 상세히 설명하는 영문서한을 작성하고자 한다.

☞ 조 건

대한의학회에서는 2017년 9월 7일(목)부터 10일(일)까지 4일간(기간) 제25차 국제 의학 연구학회 연차총회를 부산 BEXCO(장소)에서 개최하려 한다. 대한의학회(조직위원장: 김길동)에서 주최(누가 1)하는 이 대회의 주관처로는 (주)용두산 컨벤션 서비스(누가 2)가 선정되었다. 본 대회에는 내국인 400명, 외국인 600명이 참석할 예정이다.

누가 1: 주최
누가 2: 주관

☞ 참고사항 (정보 – 번역)

정보의 순서가 국제회의 서한 기준의 순서대로 주지 않는다.
번역 – 그대로 나열 (X)

가장 바람직한 순서
(1) 등록비 – 등록비 구성 – 등록비 납부 시기 – 환불
(2) 등록비 – 등록비 납부 시기 – 등록비 구성 – 환불

정보가 섞여 있음

등록비
논문

◎ 등록비: 조기등록(2017년 8월 15일 이전)

  - 회원 US$ 700, 비회원 US$ 800, 동반자 US$ 100

  현장등록(2017년 8월 16일 이후)

  - 회원 US$ 800, 비회원 US$ 900, 동반자 US$ 120

◎ 등록비 납부 방법: US$로 신용카드(Visa, Master만 가능), 계좌이체(한국은행, 12345-12345 예금주: 대한의학회), 공식 홈페이지(www.med2006.org)상 전자 결제 가능

◎ 등록비 포함 사항:

  · 참가자인 경우

   - 콩그레스 키트(초록집, 프로그램북), 학술회의 입장, 개회식 및 환영연

  · 동반자인 경우

   -콩그레스 키트, 개회식 및 환영연

◎ 등록비 환불 규정: 2017년 8월 15일 이전: 수수료 50% 공제 후 환불

  2017년 8월 16일 이후: 환불 불가

  환불 신청은 반드시 서면상으로 사무국에 통보되어야 함

  환불은 총회 종료 후 2개월 안에 이루어질 것임

◎ 논문초록 제출마감: 2017년 1월 31일 (제출된 논문은 반환되지 않음)

◎ 초록 제한 길이: 영단어 300자 (반드시 영어로 제출)

◎ 초록 제출 방법: 공식 홈페이지상에서, 이메일 혹은 팩스로 MS Word 파일로 제출

◎ 초록채택여부 통지: 2017년 2월말 개인 이메일로 통지 예정, 채택시 발표일시도 함께

◎ 채택된 초록은 초록집에 실릴 것이며, 발표 시간은 20분임 (질의응답 포함)

▌ 문제 1-1 ▌

초록 제출을 권유하는 서한을 영문으로 작성하시오.

단, 작성일은 2016년 10월 11일로 간주하며, A4용지 2매 내외로 작성한다.

만연하게 권유하는 서한을 작성하라고 하면 당황스러울 수 있다. 이런 경우 다른 문제의 내용에 포함되지 않는 것을 중심으로 작성하면서 다른 문제에서 작성을 요구한 일부 내용을 중복해서 사용할 수 있다.

⇨ 무슨 글을 적어야할지 모르는 경우, 항상 언제·어디서·누가·무엇을·어떻게·왜를 중심으로 작성한다.

즉, 회의 제목, 주제관련 논문 제출 요청 문구, 심사과정을 통해서 선별되며, 참가 인원·규모에 대한 설명과 발표시간에 대한 설명을 적는다.

초록 서한 작성

문제 1-2

등록정보에 관련된
1) 등록비 정보
2) 납부 방법
3) 환불 정보 사항을 설명하는 서한을 영문으로 작성하시오. (단 A4용지 2매 내외로 작성)

순서를 정해준 경우
순서가 정해져 있지 않다면 국제회의 영문서한 기준에 의거

문제 1-3

초록제출에 관련된
1) 제출마감일
2) 제출 방법
3) 채택여부 통지 사항을 설명하는 서한을 영문으로 작성하시오. (단, A4용지 2매 내외로 작성)

초록제출 서한

문제 1의 답안 샘플

THE 25th ANNUAL CONFERENCE FOR
INTERNATIONAL MEDICAL RESEARCH ACADEMY

October 11th, 2016

Dear Members:

SUBJECT: CALL FOR ABSTRACTS

On behalf of all the members of Korea Medical Research Academy, I would like to extend our warm invitation to you and all of your members to the 25th Annual Conference for International Medical Research Academy to be held at BEXCO in Busan, the second largest sea port city in Korea from September 7th to September 10th, 2017.
We are pleased to inform you Yongdusan Convention Service, one of the leading professional convention organizer in Korea, has been appointed as the official meeting organizer for the 25th Annual Conference for International Medical research Academy.

We welcome all abstracts related to the theme of the conference. The authors of the accepted abstracts will be asked to submit their full paper to be presented at the conference. The review committee will select the most relevant papers to be presented at the conference.

If you further information regarding call for abstracts, please do not hesitate to contact us.

We are looking forward to the pleasure of seeing you at the conference.

Sincerely yours,

(Signature)
Gil Dong Hong
Chairperson
Korea Medical Academy

The 25th ANNUAL CONFERENCE
FOR INTERNATIONAL MEDICAL RESEARCH

October 11th, 2016

Dear Members

SUBJECT: INFORMATION ON REGISTRATION

We are pleased to extend our warm invitation to you to participate in the 25th Annual Conference for International Medical Research which will be held at BEXCO in Busan, Korea from the 7th of September to the 10th of September, 2017.

We are pleased to inform you that Yongdusan Convention Service has been appointed as the official meeting organizer for the 25th Annual Conference or International Medical Research.

We are herewith enclosing[59] the information about the registration procedures in detail. Registration will be accepted no later than the 15th of August in 2017. Registration forms must be accompanied by full payment.

If you need further information, please feel free to contact us. We are looking forward to seeing you in Busan.

Sincerely yours,

Gil Dong Hong (Signature)
Gil Dong Hong
Chairperson

Enclosure: As stated

---

59) 본문에 첨부 서류를 언급
　　본문: We are herewith enclosing A.
　　Enclosure: As stated
　　본문에 첨부 서류 언급이 없음
　　Enclosure: A

REGISTRATION

Participant

Title :

Name :

Contact number :

Accompanying person(s)

Name :

Name :

	Pre registration	On-site registration	Accompanying Person
Member	US$ 700	US$ 800	US$ 100
Non member	US$ 800	US$ 900	US$ 120

RESERVATION FEE

* Notice

① Registration fee for regular participation includes admission to all congress sessions, congress kit, final program and abstract book, welcome reception.

② The accompanying person's fee includes congress kit and welcome reception.

Registration will be accepted no later than the 15th of August in 2017. Registration forms must be accompanied by full payment. The easiest way to register is via the internet, or telegraphic transfer or credit cards.

Telegraphic transfer

Name of the account owner: Korea Medical Research Association

Name of bank: Bank of Korea

Account number: 12345-2345 (빈 칸으로 두어도 가능)

Credit card

Visa or master card.

If you request your cancellation no later than August 15th, 2017, a 50% of the registration fee will be refunded. No refunds will be made if the cancellation reguest is submitted after the 16th of August, 2017.

Any cancellation request must be notified to the secretariat in writing for the refund. Refunds will be processed within two months after the conference is over.

Date
Name
Signature

The 25th ANNUAL CONFERENCE

FOR INTERNATIONAL MEDICAL RESEARCH

October 11th, 2016

Dear Members

SUBJECT: INFORMATION ON ABSTRACTS

We would like to express our appreciation for your participation in the 25th Annual Conference for International Medical Research to be held at BEXCO in BUSAN.

We are pleased to inform you that Yongdusan Convention Service has been appointed as the official meeting organizer for the 25th Annual Conference for International Medical Research.

Your abstract must be submitted before the deadline of January 31st, 2017. Your abstracts must be written in the format of microsoft office word processor and submitted by e-mail, or fax or through the official web page. The abstracts length should not exceed 300 words.

Careful selection of relevant abstracts will be performed by the review committee and the presenting author will receive notification of acceptance and presentation schedule by e-mail at the end of February.

Authors of the accepted abstracts will be asked to submit their full papers. Full papers will be published and presented on the session within 20 minutes including questions from the floor and answers from the presenters.

If you need more detailed information, please feel free to contact us.

Sincerely yours,

Gil Dong Hong (Signature)

Gil Dong Hong

Chairperson

▌ 문제 1의 문제풀이 샘플 2 ▌

THE 25th ANNUAL CONFERENCE
FOR INTERNATIONAL RESEARCH ACADEMY

October 11th, 2016

Dear Members:

SUBJECT: CALL FOR ABSTRACTS

It is a great pleasure to invite you and all of your members to 25th Annual Conference Research Academy to be held at BEXCO in Busan, Korea from the 7th to the 10th of September in 2017.

We are very pleased to inform you that Yongdusan Convention Service has been appointed as the official meeting organizer for the annual conference.

The main topic of the conference is the development of international medical industry in all over the world. We welcome all abstracts related to the theme of the conference.

The length of the abstracts should not exceed 300 words, and it must be written in English as well as in the format of Microsoft Word Processor. Abstracts must be sent to the review committee no later than 31st of January, 2017 through the official web site, or by e-mail or by fax.

If you need more information, please do not hesitate to contact us.

Sincerely yours,

Gil Dong Hong (Signature)
Gill Dong Hong
Chairperson
Host Committee

THE 25TH ANNUAL CONFERENCE FOR
INTERNATIONAL MEDICAL RESEARCH ACADEMY

October 11th, 2016

Dear Members:

SUBJECT: INFORMATION ON REGISTRATION

On behalf of all the members of Korea Medical Research Academy, I would like to extend our warmest invitation to you and all of your members to the 25th Annual Conference for International Medical Research Academy to be held at BEXCO in Busan from the 7th of September to the 10th of September, 2017.

We are very pleased to inform you that Yongdusan Convention Service has been appointed as the official meeting organizer for the annual conference.

Please be advised that registration must be accepted no later than the 15th of August in 2017.

We are herewith enclosing the detailed information about the registration fee.

If you need further information, pleases do not hesitate to contact us.

Sincerely yours,

Gil Dong Hong (Signature)
Gil Dong Hong
Chairperson
Host Committee

Enclosure: As stated

REGISTRATION FEE

1. REGISTRATION FEE

	Pre registration	On-site registration	Accompanying Person
Member	US$ 700	US$ 800	US$ 100
Non member	US$ 800	US$ 900	US$ 120

*Notice

① Application for registration and reservations should be accompanied by a remittance of the fee. No registration and reservations will be confirmed in the absence of the payments.

② The participant's registration fee includes congress kit, admission to all congress sessions, invitation to the opening ceremony and the farewell party.

③ The accompanying person's fee includes congress kit, invitation to the opening ceremony and farewell party.

2. PAYMENT METHODS

Payment will be accepted by the following methods.

- Credit card
■ Only visa and master will be acceptable
- Wire transfer
n Name of the bank: Bank of Korea
n Owner of the account: Korean Academy of Medical Science
n Account number: 12345-12345
- Via the internet
■ www. Med2006.org

3. CANCELLATION AND REFUND POLICY

If you request your cancellation no later than August 15th, 2017, a 50% of the registration fee will be issued. No refunds will be made if your cancellation request is received after the 16th of August, 2017.

Any cancellation request must be notified to the Secretariat in writing for the refund. Refunds will be processed within two months after the conference is over.

THE 25TH ANNUAL CONFERENCE FOR
INTERNATIONAL MEDICAL RESEARCH ACADEMY

October 11th, 2016

Dear members:

SUBJECT: INFORMATION ON ABSTRACTS

It is a great pleasure to invite you and all of your members to 25th Annual Conference Research Academy to be held at BEXCO in Busan, Korea from the 7th to the 10th of September in 2017.

Abstracts must not exceed 300 words, and it must be written in English. It must be sent no later than January 31st, 2017 through the official web site, or by e-mail or fax. The abstracts must be written in the format of Microsoft word processor.

The presenting author will receive notification of acceptance and presentation schedule by e-mail at the end of February, 2017. Authors of the accepted abstracts will be asked to submit their full papers.

Full papers will be published and presented on the session. The time length of the presentation is twenty minutes including questions and answers.

If you need further information regarding call for abstracts, please do not hesitate to contact us.

We are looking forward to the pleasure of seeing you at the conference.

Sincerely yours,

Gil Dong Hong (Signature)
Gil Dong Hong
Chair person
Host Committe

문제 1의 문제풀이 샘플 3

THE 25TH ANNUAL CONFERENCE FOR
INTERNATIONAL MEDICAL RESEARCH ACADEMY

October 11th, 2016

Dear Members:

SUBJECT: CALL FOR ABSTRACTS

We are very pleased indeed to extend our warm invitation to you and all of your members for the 25th Annual Conference for International Medical Research Academy to be held at BEXCO in Busan from the 7th to the 10th of September in 2017.

The main topic of the Conference is the development of global medical industry. About 600 members from overseas will participate in the conference. The conference will be a big event for all the participants.

The deadline for the abstracts is January 31st, 2017. The length of abstracts should not exceed 300 words.

We are cordially request you to submit abstracts for the conference. The program committee will review all submitted abstracts and select the most relevant papers for presentation. The authors of the accepted abstracts will be asked to submit their full papers to be presented at the conference.

Full papers will be published and presented on the session within 20 minutes including questions and answers. Your abstracts will be great help to make the conference a great success.

If you need further information regarding call for papers, please do not hesitate to contact us.

We are looking forward to the pleasure of seeing you at the conference.

Sincerely yours,

Gil Dong Hong (Signature)
Gil Dong Hong
Chairperson
Review Committee

THE 25TH ANNUAL CONFERENCE FOR
INTERNATIONAL MEDICAL RESEARCH ACADEMY

October 11th, 2016

Dear Members:

SUBJECT: INFORMATION ON REGISTRATION

We are pleased to extend our warm invitation to you to participate in the 25th Annual Conference for International Medical Research Academy which will take place at BEXCO in Busan, Republic of Korea from the 7th to the 10th of September in 2017.

On behalf of all the people in Korea Academy of Medical Sciences, I wish to thank you for your special attention and cooperation you and your members had shown to my association.

We are sending you the application forms for the registration as well as information about the registration procedures. We should highly appreciate your kindness to fill out these forms completely and send them to the Secretariat no later than the 15th of August 2017.

Please be advised that application for registration and reservations should be accompanied by a remittance of the fee. No registration and reservations will be confirmed in the absence of the payments.

If you need further information, please feel free to contact us.

We are looking forward to seeing you in Busan.

Sincerely yours,

Gil Dong Hong (Signature)
Gil Dong Hong
Chairperson

Encl.: As stated

REGISTRATION FORM

1. PARTICIPANT INFORMATION

– PARTICIPANT

Title	Dr. / Prof. / Mr. / Ms. / Other, please state.		
First Name		Last Name	
Position			
Address			
City		Nationality	
Phone		E-mail	

– ACCOMPANYING PERSON(S)

First Name		Last Name	
Special Requirement			

2. REGISTRATION FEE

	Pre registration	On-site registration
Member	US$ 700	US$ 800
Non member	US$ 800	US$ 900
Accompanying Person	US$ 100	US$ 120

*NOTICE

① Registration fee for regular participant includes congress kit and admission to all the sessions, opening ceremony and farewell party.

② Accompanying persons will be given a congress kit and be permitted to join the opening ceremony and farewell party.

3. PAYMENT METHOD

Payment will be accepted by the following methods.

- CREDIT CARD
  - Only Visa or Master will be acceptable
- WIRE TRANSFER
  - Name of bank: Bank of Korea
  - Owner of account: Korean Academy of Medical Sciences
  - Account number: 12345-12345
- VIA THE INTERNET

4. CANCELLATION AND REFUND POLICY

If your cancellation request is received no later than August 15th, 2017, a 50% of the registration fee will be forfeited as a cancellation charge. No refunds will be made if your cancellation request is submitted after the August 16th, 2017.

Any cancellation request must be notified to the Secretariat in writing for the refund. Refunds will be processed within two months after the conference is over.

Signature:
Name:
Date:

THE 25TH ANNUAL CONFERENCE FOR
INTERNATIONAL MEDICAL RESEARCH ACADEMY

October 11th, 2016

Dear Members:

SUBJECT: GUIDELINES OF ABSTRACTS

It is my great pleasure and honor to invite you and all of your members to the 25th Annual Conference for International Medical Research Academy to be held at BEXCO in Busan from the 7th to the 10th of September, 2017.

On behalf of all the people in Korea Academy of Medical Sciences, I wish to thank you for your special attention and cooperation you and your members had shown to my association.

The main topic of the Conference is the development of global medical industry.

The length of abstracts should not exceed 300 words and abstracts must be written in English. The abstracts must be submitted no later than January 31st, 2017 through the web site or by e-mail or by fax. The abstracts must be written in the format of Microsoft word.

Careful selection of relevant abstracts will be performed by the review committee and the presenting authors will receive notification of acceptance and presentation schedule by e-mail at the end of February, 2017. Authors of the accepted abstracts will be asked to submit their full papers.

Full papers will be published and presented on the session. The time length of each presentation is twenty minutes including questions and answers.

If you need further information, please feel free to contact us.

Sincerely yours,

Gil Dong Hong (Signature)
Gil Dong Hong
Chairperson

┃ 문제 2 ┃

다음의 회의 취지를 읽고 제시된 조건과 참고사항을 활용하여 영문서한을 작성하시오.

▣ 회의 취지

한국관광산업의 활성화를 위하여(목적), 문화관광부(누가)에서는 IACVB 총회(무엇을)를 2017년 국내에서 개최코자 한다. 정부에서는 이 행사를 성공적으로 수행하기 위하여 PCO업체로 (주)한라산컨벤션서비스(누가)를 선정하였다. 이를 위해 IACVB 측에 안내서신, 제안서, 행사프로그램을 보내고자 한다.

누가 1: 주최
누가 2: 주관

▣ 회의 개요

· 개최일시: 2017년 10월 06(수) ~ 10월 8일(금)
  (언제)
· 개최장소: 제주국제컨벤션센터(ICC JEJU)
  (어디서)
  2010년도에 IAPCO 총회 제주에서 개최된 바 있음.
  (장소에 대한 추가 정보 – 바로 연결해서 표현)
· 숙박장소: 제주롯데호텔
· 장소: (1) 장소 1 – 회의 장소
       (2) 장소 2 – 숙박 장소
· 참가예상인원: 800명(국내500명 / 해외300명)
· 주최: 문화관광부
· 주관: (주)한라산컨벤션서비스
· 숙박호텔 특별 요금 및 포함 사항(1박$120: 봉사료 및 부가세 포함 / 회의 기간전후 2일간 동일요금)
· 숙박 정보
  – 등록비 포함 사항(2박2조식 / 반나절 제주관광 / 환영 및 환송만찬 제공 / 공항, 숙박장소, 회의장소 셔틀운행)
· 지상교통 정보
· 등록정보
  – 공식항공사: 한라산 항공
  – 공항안내센터 운영
  – 항공: First Class 및 Business Class는 40%D.C / Economic Class는 60% D.C
· 항공교통
· 교통 정보: 항공교통 + 지상교통
  – 사교행사에서의 사진 제공

☞ 회의 일정
· 6일: 회의, 환영만찬 [(주)한라산컨벤션서비스 주최]
· 7일: 회의
· 8일: 회의, 반나절 공식투어, 환송만찬 [문화관광부 주최]

▌ 문제 2-1 ▌

안내서신을 영문으로 작성하시오.

작성일은 2016년 10월 12일로 간주하며, A4용지 2매 내외로 작성한다.

초청서한

▌ 문제 2-2 ▌

다음의 사항을 포함하는 제안서를 문제 2-1의 영문서한 첨부 서류로 작성하시오. (A4용지 2~3매 내외로 작성)

국제회의 유치서한 – 국제기구에 제출해서 한국으로 국제회의를 유치하고 싶을 때 제출하는 서한
1) 개최 일시 (개최기간)
2) 장소
3) 숙박
4) 등록비(등록비 혜택사항)
5) 교통
6) 사교행사
7) 공식 항공사

▌ 문제 2-3 ▌

다음의 행사 프로그램을 영문으로 작성하시오. (A4용지 2매 내외로 작성)

일정표
1) 공식회의 프로그램
2) 관광 프로그램

▌문제 2의 문제풀이 샘플 ▌

Ministry of Culture, Sports and Tourism
(Letter Head)

October 12th, 2016

Dear Members:

SUBJECT : PROPOSAL TO HOST THE 2017 ANNUAL CONVENTION OF THE INTERNATIONAL ASSOCIATION OF CONVENTION VISITORS BUREAU

It is a great honor for the Ministry of Culture and Sports and Tourism to have an opportunity to submit a proposal to host the 2017 Annual Convention of the International Association of Convention Visitors Bureau in Jeju, Korea to be held from the 6th of September to the 8th of October, 2017.[60]

Jeju Island is ready to provide you with various international standard accommodations, shopping, spectacular scenery, historic places, pleasure spots and traditional hospitality.

We are strongly confident that Jeju is the most appropriate place to discuss about the development of the tourism industry because Jeju is also famous for its world heritage designated by UNESCO, United Nations Educational Scientific and Cultural Organization.

---

60) On behalf of people in Jeju, we are much pleased to invite you to the 2017 Annual Convention of the International Association of Convention Visitors Bureau to take place from the 6th of September to the 8th of October, 2017.
On behalf of all the members of Korea Convention Visitors Bureau, I am much pleased to invite you to the 2017 Annual Convention of the International Association of Convention Visitors Bureau to be held from the 6th of September to the 8th of October, 2017.
We are very much pleased indeed to extend our warm invitation to you and all of your members for the 2017 Annual Convention of the International Association of Convention Visitors Bureau to be take place from the 6th of September to the 8th of October, 2017.
It would be a great honor for us to extend our warm invitation to you and all of your members for the 2017 Annual Convention of the International Association of Convention Visitors Bureau to be held from the 6th of September to the 8th of October, 2017.

We are pleased to inform you that Hallasan Convention Service Ltd. has been appointed as the official meeting planner because of their outstanding experiences in planning and arranging the meeting process for all the participants and their accompanying person from all over the world.

In this regards, a visit to Korea can be a rewarding experience for all the participants. I hope that you will choose Seoul as the main destination for the 25th Annual Convention to see a country whose cultural heritage dates back over 5,000 years and warm hearted people welcoming guests from all over the world.

We are herewith sending you the proposal to host the 25th Annual Convention as well as proposed program and proposed half-day tour program for participants from all over the world. We expect the positive answer from you.

The Ministry of Culture and Sports and Tourism of the Republic of Korea will make comprehensive efforts to make the convention a great success[61].

Sincerely yours,

Gil Dong Hong(Signature)

Gil Dong Hong

Chairperson

Bid Committee for the 25th Annual Convention

Enclosures : As stated

---

61) The Ministry of Culture and Sports and Tourism of the Republic of Korea will make every effort to make the convention a great success.
The Ministry of Culture and Sports and Tourism of the Republic of Korea will make comprehensive efforts to make the convention successful.
The Ministry of Culture and Sports and Tourism of the Republic of Korea will do its best to make the convention a great success.

PROPOSAL

1. Dates

2014 ABC CONVENTION : From the 6th of October to the 8th of October, 2014

2. Venue

2014 ABC CONVENTION : ICC JEJU Convvention, Jeju

ICC JEJU Convention Center, located in the center of JungMun Resort Complex will be the Convention Venue. It is an half an hour drive from the Jeju International Airport[62].
The ICCJEJU Convention Center provides 6 spacious meeting rooms as well as a wide range of supporting facilities in the ultra-modern structure.

3. Hotel Accommodation

The Hotel Lotte provide 300 guest rooms for all the participants from all over the world.
The Hotel Lotte is offering a special room rate of USD 120, including a 10% service charge and a 10% value added tax per night for participants in ABC Convention in Seoul. The special room rate will be applied if you arrive in advance two days before the opening of the convention and two days even after the convention is over.

4. Registration Fee

The registration fee includes breaks for two days, invitation to half-day tour of Jeju Island, admission to welcome party and farewell party, and the ground transportation.

---

62) It is two hours and thirty minute drive from the Incheon International Airport.
   It takes two hours and thirty minutes from the Incheon International Airport to the host hotel.

5. Ground Transportation Service

The shuttle service will be operational between the airport and the hotel as well as between the hotels and the convention center for participants and their accompanying persons.

6. Social Events

The welcome party and the farewell party will be arranged for participants and their accompanying persons to increase the circle of the networks. Photographs will be taken during the social events and participants will receive copies of photographs as presents from the Host Committee.

7. Official Airlines

The official airline for the conference is Hallasan Airline. Hallasan Airline is very eager to provide a very special airfare to all the attendees and their accompanying persons.

A 40 percentage discount off the official airfare will be available for those who fly with the first class or business class.

A 60 percentage discount off the official airfare will be applied to those who use the economy class.

PROPOSED PROGRAM

October 6th

09:00 − 10:30 : On-site Registration
10:30 − 12:00 : Opening Session
12:00 − 13:30 : Luncheon

13:30 ─ 18:00 : Session

18:30 ─ 19:30 : Welcome party hosted by Halllasn Convention Service Ltd.

October 7th

09:00 ─ 12:00 : Session

12:00 ─ 13:30 : Luncheon

13:30 ─ 18:00 : Session

October 8th

09:00 ─ 12:00 : Session

12:00 ─ 13:30 : Luncheon

13:30 ─ 18:00 : Half─day Official Tour

18:30 ─ 19:30 : Farewell party hosted by the Minister of Culture, Sports and Tourism

PROPOSED HALF─DAY TOUR PROGRAM

October 8th

13:30 ─ 14:00 : Departure from the Host Hotel

14:00 ─ 16:00 : Tour of GyongBok Royal Palace and its Rear Garden

16:00 ─ 17:30 : Tour of MyungDong Shopping Area

17:30 ─ 18:00 : Return to the Host Hotel

문제 3

다음의 회의 취지를 읽고 제시된 조건과 참고사항을 활용하여 해당 문제에 대한 영문서한을 작성하시오. (문제 1 - 문제 3까지 포함하여 A4용지 총 3매 내외, 글자 크기 11 포인트로 작성)

☞ 회의 취지

컨벤션업계에서는 우리나라 컨벤션산업의 경쟁력을 제고하기 위해서(목적) 관.산.학 공동으로 컨벤션을 개최하고자 한다. 특히, 이번 행사에서는 컨벤션 선진국 전문가들의 신지식 노하우를 배울 수 있는 장을 마련하며(목적) 각 국의 컨벤션 관련 정보와 문화도 상호 교류(목적)하고자 한다.

☞ 조 건

본 행사의 주최는 (가칭)아ㆍ태컨벤션협의회이며, 오는 2017.9.15(목)부터 9.18(일)(언제)까지 4일간에 걸쳐 서울 코엑스(어디서)에서 개최한다.

본 행사는 문화관광부와 광역단치단체, 다국적 기업의 후원을 받는다(후원). 그리고 참가자는 각 국의 컨벤션 관련 기관ㆍ업체 대표, 교수, 참석자 동반자들도 있다.

총 참가자수는 본부요원 20명과 진행요원 100명 및 초청 연사 50명을 제외한 내국인 1,000명(동반자 200명 포함)이다.

사무국 및 조직위원실이 가동된다. 회의공용어로는 영어를 사용하며, 분과회의 (50명 규모) 2회, 워크샵(150명 규모) 8회, 개회식 및 폐회식, 3일간의 전시, 동반자 프로그램과 공식관광이 각각 1회씩 있게 된다. (회의일정에 대한 정보)

☞ 참고사항

본 행사의 총 예산은 15억이며 이 중 2억은 본 행사 관련 중앙부처의 지원을 받는다. (기획서에 참고할 자료이며, 서한에는 포함하지 않는다.)

외국인 일반 참가자 등록비는 $500이고 동반자는 $200, 내국인 일반참가자는 40만원이다. (등록)

본 행사에서는 환영연, 한국의 밤 행사, 환송연이 있고 5회의 커피 Break가 있다.
(일정표)

교통비와 숙박비는 참가자가 부담(단, 항공료 40%, 호텔 50% DC)한다.
(항공교통 + 숙박)

공항에서 호텔까지의 수송은 무료로 지원하며, 행사 기간 중 10대의 셔틀버스가 호텔과 행사장간에 운행된다. (지상교통)

교통 정보: 항공교통 + 지상교통

본 행사의 일반관리비는 5%, 기업 이윤과 예비비는 각각 10%이다. 1$는 1200원이다. (기획서에 참고할 자료이며, 서한에는 포함하지 않는다.)

▌ 문제 3-1 ▐

영문서한 양식을 준수하여, 초청서한을 작성하시오.

초청서한

▌ 문제 3-2 ▐

영문 등록 양식을 작성하시오. (단, 등록비 지불 방법, 취소 및 환불 사항은 반드시 포함)

등록신청서

▌ 문제 3-3 ▐

등록 접수 확인서를 작성하시오.

등록 접수되었다는 e-mail을 만든다.

문제 3의 문제풀이 샘플 1

The Annual Conference for the Asia-Pacific Convention Association
(Letter head)

March 1st, 2017

Dear Members

SUBJECT: INVITATION TO THE ASIA-PACIFIC CONVENTION CONFERENCE

It is a great honor for us, Korean chapter of Asia-Pacific Convention Association, to host the Annual Conference for the Asia-Pacific Convention Association which will be held at COEX in Seoul from the 15th of September to the 18th of September, 2017.

This conference will help you to learn know-how from the developed countries and to exchange useful information and cultures through the conference. The official language is English.

All the participants are representing the convention organizers or chief executive officers of companies, or professors of universities. The total number of participants will be about 1,000 persons. The total number of accompanying persons will be about 200 persons.

The official hotel will offer all the participants a special rate, a 50% discount off the regular tariff.

We will provide you with the shuttle bus between the airport and the official hotel as well as the hotels and the convention center. The official airline for the Annual Conference for the Asia-Pacific Convention Association will offer you a 40% discounted airfare.

We will do our best to make every effort for the successful conference.

If you need further information, please feel free to contact us.

We are looking forward to seeing you in Seoul.

Sincerely yours,

Gil Dong Hong (Signature)
Gil Dong Hong
Chairperson of
Korean chapter of Asia-Pacific Convention Association

Enclosure: Registration Form

REGISTRATION FORM

1. PARTICIPANT INFORMATION

Title	Dr. / Prof. / Mr. / Ms. / Other, please state		
First Name		Last Name	
Position / Job title			
Address			
City		Country	
Phone		Fax	E-mail

Participant

Title	Dr. / Prof. / Mr. / Ms. / Other, please state
First Name	Last Name
Special Requirements	

2. REGISTRATION FEE

	Registration Free(won)
Participant from overseas	600,000 Korean Won
Accompanying Person	600,000 Korean Won
Domestic participant	600,000 Korean Won

*Notice

The registration fee includes welcome reception, Korean night, farewell party and coffee break for five times.

3. PAYMENT

Payment will be accepted by the following methods.

– Credit card: Only use Visa, Master

– Wire transfer

Account owner: APCC2017 Host Committee

Account No.: 12345-12345 [Bank of Korea]

- Electronic payment

www.apcc2017.org

CANCELLATION AND REFUND POLICY

If you request your cancellation no later than August 15th, 2017, a 50% of the registration fee will be forfeited as a cancellation charge.

But if your refund request is received on or after August 16th, 2017, no refunds will be made.

The cancellation request must be submitted in writing. All the refunds will be made two months after the end of the conference.

Signature:

Name:

Date:

The Annual Conference for the Asia-Pacific Convention Association
(Lettter head)

March 1st, 2017

Dear member:

SUBJECT: CONFIRMATION OF REGISTRATION

This is to confirm that your registration has been completed.

Please be sure to bring this letter of confirmation with you to facilitate the process at the conference venue. You will receive a congress kit on showing this letter of confirmation.

Registration number: A12345
Number of a accompanying person: Z12345
Name of accompanying person:

Total amount already paid: US$500
Balance due: 0

Sincerely yours,

GilDongHong (Signature)
Gil Dong Hong
Registration Manager
Host Committee

문제 3의 문제풀이 샘플 2

THE ANNUAL CONFERENCE FOR
ASIA-PACIFIC CONVENTION ASSOCIATION

September 18th, 2016

Dear members:

SUBJECT: INVITATION TO THE ASIA-PACIFIC CONVENTION ASSOCIATION

It is a great honor to invite you and all of your members to the Annual Conference for Asia-Pacific Convention Association to be held at COEX in Seoul from the 15thof September to the 18thof September, 2017.

This conference is most strongly supported by the Ministry of Culture, Sports, and tourism, local governments, and multinational corporations. And we welcome all participants who related to the convention organizers, chief executive officers of convention, professors of universities and accompanying persons.

Your participation would be of great help to learn advanced knowledge from the developed countries and to exchange useful information and cultures throughout the conference.

If you need further information, please feel free to contact us. We are looking forward to seeing you in Seoul.

Sincerely yours,

Gil Dong Hong (Signature)
Gil Dong Hong
Chairperson
Korean chapter of Asia-pacific Convention Association

Encl.: Registration form

REGISTRATION FORM

1. PARTICIPANT INFORMATION

Title: (Dr. /Prof. /Mr. /Ms. /other, please state)

First Name: Last Name:

Position/Job title:

Address

City: Postal Code: Country:

Phone: Fax: E-mail:

— Accompanying person

First Name: Last Name:

Special Requirements:

— Accompanying person

First Name: Last Name:

Special Requirements:

2. REGISTRATION FEE

	Participants	Accompanying person
Domestic member	400,000 Korean Won,	240,000 Korean Won, equal to USD$ 200 at the exchange rate of US$ 1 for 1,200 Korean Won
Foreign member	600,000 Korean Won, equal to USD $500 at the exchange rate of $1 for 1,200 Korean Won	

The registration fee includes invitation to welcome reception, Korean night, farewell party and coffee break for five times.

3. PAYMENT METHOD

Payment will be accepted by the following methods.

— Accredit card: Only Visa of Master will be acceptable

— Wire transfer

Account owner: APCC 2017 Host Committee

Account Number: 12345-67899

Name of bank: Bank of Korea

- Electronic payment

www.apcc2017.org

4. CANCELLATION AND REFUND POLICY

If you request your cancellation no later than August 15th, 2017, full refunds will be made except a 50% of the registration fee as a cancellation charge. If your refund request is received after August 16th, 2017, no refunds will be made.

The cancellation request must be submitted in writing.

All the refunds will be issued within two months after the end of the conference.

5. ACCOMMODATION

The official hotel will offer all the participants a special rate, a 50% discount off the regular tariff.

6. OFFICIAL AIRLINE AND SHUTTLE BUS SERVICE

We will provide you with the shuttle bus between the airport and the official hotels as well as the hotels and the convention center.

The official airline for the annual conference will offer you a 40% discounted airfare.

THE ANNUAL CONFERENCE FOR
ASIA-PACIFIC CONVENTION ASSOCIATION

September 18th, 2016

SUBJECT: CONFIRMATION OF REGISTRATION

Dear member:

We would like to thank you for your participation in the Annual Conference for Asia-Pacific Convention Association to be held at COEX in Seoul from the 15th of September to the 18th of September, 2017.

This is a confirmation letter that your registration has been completed.

Please be sure to bring this letter of confirmation with you to facilitate the process as the conference venue. You will receive a congress kit on showing this letter of confirmation.

Look forward to meeting you in Seoul.

If you need further information please feel free to contact me.

Sincerely yours,

Gil Dong Hong (Signature)
Gil Dong Hong
Chairperson
Asia-Pacific Convention Association

문제 3의 문제풀이 샘플 3

THE 2017 CONFERENCE FOR ASIAPACIFICCONVENTIONASSOCIATION
(Letter head)

October 12th, 2016

Dear Members:

SUBJECT: INVITATION TO THE ASIA-PACIFIC CONVENTION CONFERENCE

On behalf of all the members in the Korea Asia-Pacific Convention Association, it is my great pleasure to invite you to the 2017 Conference for Asia-Pacific convention association, which will be held at COEX in Seoul, Korea, from the 15th to the 18th of September, 2017.

This conference will help you to learn know-how from the developed countries and to exchange useful information and cultures throughout the conference.

Seoul is ready to provide you with various accommodations, shopping, spectacular scenery, historic places, pleasure spots and traditional hospitality.

In this regards, a visit to Korea can be a rewarding experience for all the participants, I hope that you will visit Seoul in order to see a country whose cultural heritage dates back over 5000 years and people who have the custom of welcoming guests warm-heartedly.

We will do our best to make every effort for the successful conference.

If you need further information, please feel free to contact us.

We are looking forward to seeing you in Seoul.

Sincerely yours,

GilDongHong (Signature)
Gil Dong Hong
Chairperson
Host Committee

Enclosure: Registration form

REGISTRATION FORM

1. PARTICIPANT INFORMATION

Name:

Title:

Organization:

Phone number:

E-mail address:

Accompanying person(s):

Name:

Name:

Special Requirements:

2. REGISTRATION FEE

Domestic member	Foreign member	Accompanying person
₩ 400,000	$ 500	$ 200

*Notice

The registration fee for participants includes admission to all conference sessions, final program and abstract book, conference kit, luncheon, refreshment, invitation to welcome reception, farewell party, Korea night and access to the exhibition.

The registration fee for the accompanying persons includes luncheon, refreshment, invitation to welcome reception, farewell party and access to the exhibition.

3. PAYMENT METHODS

Please be advised that you should present the registration confirmation letter to the registration desk in order to receive name tags and conference kits.

Payment will be accepted by one of the following methods.

- Credit card: Only Visa, Master
- Wire transfer
- Name of the bank: Bank of Korea
- Owner of the account: Asia-Pacific Convention Association
- Account number: 12345-12345

All bank transfer charges are to be paid by registrants.

4. CANCELLATION AND REFUND POLICY

Any cancellation must be notified to the conference office by e-mail or fax in the written form.

- Cancellation on or before August 15th, 2017: Full refunds will be made excluding the administration fee of US$ 50.
- Cancellation after August 16th, 2017: No refunds will be made; however, any substitute can participate in the conference as your proxy.

5. REGISTRATION CONFIRMATION

Registration confirmation will be sent to you within three weeks upon receiving full payment by e-mail. Please contact the Secretarial office if you do not receive confirmation letters within three weeks.

Signature:
Name:
Date:

THE 2017 CONFERENCE FOR ASIAPACIFICCONVENTIONASSOCIATION
(Letter head)

August 15th, 2017

Dear Member:

SUBJECT: CONFIRMATION OF REGISTRATION

We would like to thank you for your participation in the 2017 Conference for Asia-Pacific Convention Association to be held at COEX in Seoul on September 15th, 2017.

This is to confirm that your registration has been completed.

Please be sure to bring this letter of confirmation with you to facilitate the process at the conference venue. You will receive a conference kit on showing this letter of confirmation.

Look forward to meeting you in Seoul, but in the meantime if you have any question, please feel free to contact us.

Sincerely yours,

GilDongHong (Signature)
Gil Dong Hong
Registration Secretary

문제 3의 답안 샘플 4

THE 2017 CONFERENCE FOR ASIA-PACIFIC CONVENTION ASSOCIATION
(Letter head)

July 10th, 2016

Dear Members:

SUBJECT: INVITATION TO THE ASIA-PACIFIC CONVENTION CONFERENCE

On behalf of all the members in the Korea Asia-Pacific Convention Association, I would like to extend my warm invitation to you and all of your members to the 2017 Conference for Asia-Pacific Convention Association, which will be held from September 15th(Tuesday) to September 18th(Saturday) at Coax in Seoul.

The conference will be supported by the Ministry of culture, sports and tourism, government affiliated organizations, and multinational corporations. Most of the participants are representing the convention organizers or chief executive officers of companies, or professors of universities. The total number of participants from Korea will be approximately 800 persons. The expected number of accompanying persons will be about 200 persons.

Seoul is ready to provide you with various accommodations, shopping spectacular scenery, historic places, pleasure spots and traditional hospitality. In this regards, a visit to Korea can be a rewarding experience for all the participants and accompanying persons.

We are herewith enclosing the registration form for this conference and information about the ground transportation as well as accommodations.

If you need further information regarding this conference, please do not hesitate to contact us.

We are looking forward to the pleasure of seeing you in Seoul.

Faithfully yours,

Gildonghong (Signature)
Gil Dong Hong
Chairperson
Korean chapter of Asia-Pacific Convention Association

Encl.: As stated

REGISTRATION FORM

1. PARTICIPANT INFORMATION

Title: (Dr. / Prof. / Mr. / Mrs./Ms / Miss / Other, please state)

First name: Last name:

Position:

Address

City: Postal Code: Country:

Phone: Fax: E-mail:

Accompanying person(s)

First name: Last name:

Special Requirements

2. REGISTRATION FEE

Participants from Korea	Participants from overseas	Accompanying person(s)
₩ 400,000	₩ 600,000, equal to US$ 500 based on the exchange rate as of July 10th.	₩ 240,000, equal to US$ 200 based on the exchange rate as of July 10th. The exchange rate is 1,200 Korean Won for one US Dollar.

The registration fee includes invitation to welcome reception, Korea night, farewell party and coffee breaks for five times.

3. PAYMENT METHOD

Payment will be accepted by the following methods.

- Credit card: Only Visa or Master will be acceptable.
- Wire transfer
   1. Account owner: APCC 2017 HOST COMMITTEE

2. Account Number: 12345-12345

3. Name of bank: Bank of Korea

- Electronic payment: Through the website at

4. CANCELLATION AND REFUND POLICY

If you request your cancellation no later than November 15th, 2016, a 50% of the registration fee will be refunded. If your refund request is received after November 15th, 2016, no refunds will be made.

The cancellation request must be submitted in writing. All the refunds will be issued within two months after the end of the conference.

Signature:

Name:

Date:

INFORMATION ABOUT GROUND TRANSPORTATION AND ACCOMMODATIONS

1. ACCOMMODATION

The official hotel will provide all the participants with rooms at a special rate, a 50% discount off the regular tariff.

2. OFFICIAL AIRLINE AND GROUND TRANSPORTATION SERVICE

We will provide you with the shuttle bus between the airport and the official hotels as well as the hotels and the convention center.

The official airline for the Annual Conference for the Asia-Pacific Convention Association will offer you a 40% discounted airfare.

THE 2017 CONFERENCE FOR ASIA-PACIFIC CONVENTION ASSOCIATION
(Letter head)

July 10th, 2016

Dear Member:

SUBJECT: CONFIRMATION OF REGISTRATION

On behalf of all the members in the Korea Asia-Pacific Convention Association, express my thanks for your decision to participate in the 2017 Conference for Asia-Pacific Convention Association, which will be held from September 15th(Tuesday)to September 18th(Saturday) at Coax in Seoul.

This is to confirm that your registration has been completed.

Please be sure to bring this letter of confirmation with you to facilitate the process at the conference venue. You will receive a conference kit on showing this letter of confirmation.

Look forward to meeting you in Seoul, but in the mean time if you have any question, please feel free to contact me.

Faithfully yours,

Gildonghong (Signature)
Gil Dong Hong
Chairperson
Host Committee

문제 4

다음의 회의 취지를 읽고 제시된 조건과 참고사항을 활용하여 해당 문제에 대한 영문서한과 초청장 및 R.S.V.P를 작성하시오.

☞ 회의 취지

컨벤션업계에서는 우리나라 컨벤션산업의 경쟁력을 제고하기 위해서(목적) 관.산.학 공동으로 컨벤션을 개최하고자 한다. 특히, 이번 행사에서는 컨벤션 선진국 전문가들의 신지식 노하우를 배울 수 있는 장을 마련하며(목적) 각 국의 컨벤션 관련 정보와 문화도 상호 교류(목적)하고자 한다.

☞ 조 건

본 행사의 주최는 (가칭)아 · 태컨벤션협의회이며, 오는 2018.9.15(목)부터 9.18(일)(언제)까지 4일간에 걸쳐 서울 코엑스(어디서)에서 개최한다.

본 행사는 문화관광부와 광역단치단체, 다국적 기업의 후원을 받는다(후원). 그리고 참가자는 각 국의 컨벤션 관련 기관.업체 대표, 교수, 참석자 동반자들도 있다.

총 참가자수는 본부요원 20명과 진행요원 100명 및 초청 연사 50명을 제외한 내국인 1,000명(동반자 200명 포함)이다.

회의공용어로는 영어를 사용하며, 분과회의 (50명 규모) 2회, 워크샵(150명 규모) 8회, 개회식 및 폐회식, 3일간의 전시, 동반자 프로그램과 공식관광이 각각 1회씩 있게 된다. (회의일정에 대한 정보)

☞ 참고사항

초청연사에게는 왕복 항공편, 공항에서 호텔까지의 교통편 제공, 회의장 입실 등의 편의를 제공한다.

본 행사에서는 환영연, 한국의 밤 행사, 환송연이 있고 5회의 커피 Break가 있다.

(일정표)

교통 정보: 항공교통 + 지상교통

문제 4-1

개회식에서 연설할 초청연사에게 보낼 초청서한을 작성하시오.

초청서한

문제 4-2

국제회의 개회 첫날 저녁에 개최할 환영연의 초청장과 R.S.V.P를 작성하시오.

영문 초청장

정부 주최 국제회의

1. 초청장과 R.S.V.P.(참고자료)

(앞면)

INVITATION
TO WELCOME BANQUET

EMBLEM (이벤트 또는 행사의 상징 그림)

Ministry of Culture, Sports and Tourism

(뒷면)

INVITATION

In honor of participants to the 2018 ABC Conference

Gil Dong Hong
Minister of Culture, Sports and Tourism
Republic of Korea

Requests the honor of your presence[63]
At Welcome Banquet
On Monday, May 17, 2018
At 19:00 o'clock
At Diamond Suite, 9th floor, Hotel Emerald

R.S.V.P.: Enclosed
By May 16, 2018 (24시간 + 3-4시간)
Attire: Business suit (정장 차림)

---

63) request(s) the honor of your presence
= request(s) the honor of your company
= request(s) the pleasure of your company
= request(s) the pleasure of your presence
E-mail에서는 I(We) would like to invite you to a dinner. 또는 I(We) would be much pleased to invite to a dinner란 표현이 더 자연스럽다.

R.S.V.P.

Name:

☐ *Will be able to participate*
☐ *Will be companied by spouse*
☐ *Will nob be able to participate*

At Welcome Banquet
Gil Dong Hong
Minister of Culture, Sports and Tourism
Republic of Korea

협회 주최 국제회의

1. 초청장과 R.S.V.P.(문제의 답)

(앞면)

INVITATION
TO WELCOME BANQUET

EMBLEM (이벤트 또는 행사의 상징 그림)

Host Committee

(뒷면)

INVITATION

In honor of participants
To the 2018 Annual Conference for Pacific Asia Convention

Gil Dong Hong
Chairperson
Host Committee[64]

---

64) Gil Dong Hong
   Chairperson
   Host Committee for ABC Annual Conference
   = Gil Dong Hong
      Chairperson of Host Committee

Requests the honor of your presence[65]
At Welcome Banquet
On Tharsday, September 15, 2018
At 7:00p.m.
At Grand Ballroom, lst floor, Coex

R.S.V.P.: Enclosed
By 2:00p.m., Wednesday, September 14 (행사로부터 24시간 전 + 3~4시간)
Attire: Business suit (정장 차림)

R.S.V.P.

Name:

 □ **Will be able to participate**
 □ **Will be companied by spouse**
 □ **Will nob be able to participate**

At Welcome Banquet

Gil Dong Hong

Chairperson

Host Committee

ABC Annual Conference
= Gil Dong Hong
 Chairperson
 Preparation Committee for ABC Annual Conference
= Gil Dong Hong
 Chairperson
 Preparation Committee
 ABC Annual Conference
65) request(s) the honor of your presence
 = request(s) the honor of your company
 = request(s) the pleasure of your company
 = request(s) the pleasure of your presence
E-mail에서는 I(We) would like to invite you to a dinner. 또는 I(We) would be much pleased to invite to a dinner란 표현이 더 자연스럽다.

THE 2008 ANNUAL CONFERENCE FOR
PACIFIC ASIA CONVENTION

June 24th, 2018

Dear Members:

SUBJECT: INVITATION TO THE ANNUAL CONFERENCE

On behalf of all the people in Korea Pacific Asia Convention Association, I would like to extend my warm invitation to you and your members to the 2008 Annual Conference for Pacific Asia Convention to be held at Coex in Seoul from the 15th of September to 18th of September, 2018.

It would be a great honor for us as well as all the participants to the conference to have an opportunity to listen to your speech in the conference.

If you accept our invitation, we will provide you with accommodations, round trip tickets, meals and participation in the official tour, invitation to all sessions as well as the social functions including welcome banquet and farewell party.

Your visit to Korea can be a rewarding experience for all the participants. I fervently hope that you will visit Korea as a guest speaker for the 2018 Annual Conference for Pacific Asia Convention and to see a country whose cultural heritage dates back over 5,000 years and people who have the custom of welcoming guests warm-heartedly.

Korea Pacific Asia Convention Association will make every effort to make the convention a great success.

Sincerely yours,

Gil Dong Hong (Signature)
Gil Dong Hong
Chairperson
Korean chapter of Pacific Asia Convention Association

〈 Front 〉

INVITATION
TO WELCOME BANQUET

EMBLEM

Korean chapter of Pacific Asia Convention Association

〈 Back 〉

INVITATION

In honor of participants to the 2018 Annual Conference for Pacific Asia Convention

Gil Dong Hong
Chairperson
Korean chapter of Pacific Asia Convention Association
Requests the honor of your presence[66]

At Welcome Banquet
On Friday, September 15, 2018
At 19:00 o' clock
At Pacific Hall, 2nd floor, Coex

R.S.V.P.: Card enclosed
By September 14, 2018 at 13:00 o' clock
Attire: Business suit

---

66) request(s) the honor of your presence
    = request(s) the honor of your company
    = request(s) the pleasure of your company
    = request(s) the pleasure of your presence
    E-mail에서는 I(We) would like to invite you to a dinner. 또는 I(We) would be much pleased to invite to a dinner란 표현이 더 자연스럽다.

R.S.V.P.

Name:

□ will be pleased to attend
□ will be accompanied by spouse
□ will not be able to attend

At the welcome banquet
Hosted by

Gil Dong Hong
Chairperson
Korean chapter of Pacific Asia Convention Association

Please leave this card at the Information Desk[67] on the main lobby, Coex no later than September 14, 2018 at 13:00 o'clock.

---

67) Hospitality Desk로 표기하는 경우도 있음

THE 2018 CONFERENCE FOR
ASIA-PACIFIC CONVENTION ASSOCIATION
(LETTER HEAD)

June 10th, 2017

Dear Ms. Park:

SUBJECT: INVITATION TO THE 2018 CONFERENCE AS A GUEST SPEAKER

It is a great pleasure and honor, as Chairperson of the Host Committee, to extend my sincerest invitation to you to be an honored guest speaker of the 2018 Conference for Asia-Pacific Convention Association. The Conference will take place at COEX in Seoul on September 10th in 2018.

It would be a great honor for us as well as all the participants to the conference to have an opportunity to listen to your speech in the conference.

If you accept our invitation, we will provide you with accommodations, round trip tickets, meals and participation in the official tour, invitation to all sessions as well as the social functions including welcome banquet and farewell party.

Your visit to Korea can be a rewarding experience for all the participants. I fervently hope that you will visit Korea as a guest speaker to the 2018 Conference for Asia Pacific Convention Association to see a country whose cultural heritage dates back over 5,000 years and people who have the custom of welcoming guests warm-heartedly.

We are ready to welcome you to Seoul and look forward to your affirmative reply.

Sincerely yours,

(signature)
Gil Dong Hong
Chairperson
Host Committee

〈 Front 〉

INVITATION
TO WELCOME BANQUET

EMBLEM

Host Committee

〈 Back 〉

INVITATION

In honor of participants to the 2018 Conference for
Asia Pacific Convention Association

Gil Dong Hong
Chairperson
Host Committee
Requests the honor of your presence
At a Welcome Banquet
On Friday, September 11, 2018
At 19:00 o' clock
At Grand Ballroom, 2nd floor, Grand Intercontinental Hotel

R.S.V.P.: Card enclosed
By September 10, 2018 at 13:00 o' clock
Attire: Business suit

R.S.V.P.

Name:

□ will be pleased to attend
□ will be accompanied by spouse
□ will not be able to attend

at the welcome banquet
hosted by

Gil Dong Hong
Chairperson
Host Committee

Please leave this card at the Information Desk on the main lobby, COEX
no later than September 10, 2018 at 13:00 o' clock.

Korea Asia-Pacific Convention Association
(Letter Head)

March 1st 2017

Dear Guest Speakers:

SUBJECT: INVITAITION TO THE 2018 ANNUAL CONFERENCE FOR ASIA-PACIFIC CONVENTION ASSOCIATION AS A GUEST SPEAKER

On behalf of all the members in Korea Asia-Pacific Convention Association, it is my great pleasure to invite you as one of our guest speakers to the conference of Asia-Pacific Convention Association, which will be held at COEX in Seoul, Korea, from September 15th to 18th, 2018.

We would like you to give a lecture for our conference about the theme on the future of Convention Industry in Asia on September 16th, 2018 from 15:00 to 17:00.

The conference venue is COEX and your lecture will be held at Room 301, 3rd floor, COEX.

For our guest speakers, we are providing flight tickets, accommodations, official tour, complimentary meals, and transportation between the airport and the hotel.

We will be very honored if you could deliver a speech for our conference.
We are looking forward to your affirmative response.[68]

Sincerely yours,

(Signature)
Gil Dong Hong
Chairperson
Host Committee

68) your affirmative response
= your positive response

Chapter 2_

컨벤션 기획서

PROFESSIONAL
CONVENTION
PLANNERS

1 | 컨벤션기획사 2차 실기시험 기획서 시간 관리 요령

전체 6시간 중 4시간 – 4시간 30분 내에 컨벤션 기획서를 완성해야 된다.

영문서한에서 너무 시간이 지체되지 않도록 한다. 문제를 푸는 순서는 영문서한을 먼저 그리고 나중에 기획서를 작성하는 것이 바람직하다. 기획서를 먼저 풀기 시작하면 기획서 작성에 너무 몰입하게 되기 때문에 시간 배분에서 실패할 수 있다.

시간 배분	과 목
4시간 – 4시간 30분	기획서
1시간 – 1시간 30분	컨벤션영어
30분	총정리

2 | 기획서 평가 기준

평가항목	구 성
기획력	1/3
창의성	1/3
비주얼	1/3

3 | 컨벤션기획사 2차 실기시험에 응용할 수 있는 프로그램 종류

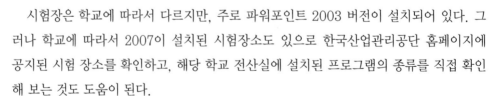

시험장은 학교에 따라서 다르지만, 주로 파워포인트 2003 버전이 설치되어 있다. 그러나 학교에 따라서 2007이 설치된 시험장소도 있으로 한국산업관리공단 홈페이지에 공지된 시험 장소를 확인하고, 해당 학교 전산실에 설치된 프로그램의 종류를 직접 확인해 보는 것도 도움이 된다.

만약 본인이 프로그램 원본 CD를 지참하고 갈 경우, 설치해서 시험에 응시할 수 있다.

파워포인트 2007 버전 / 파워포인트 2010 버전
　일러스트레이터
　오피스 비지오
　오피스 프로젝트

Portable program은 USB에 담아서 컴퓨터를 옮겨다니면서 사용하는 것이므로, Portable program에 대한 원본 여부 확인방법이 없기 때문에 프로그램 원본 CD를 지참하고 간다.

CD는 CD표지를 감독관에게 보여주어야 하기 때문에 불법 복사본을 갖고 가면 안된다. CD는 반드시 정품을 소지하고 가야 된다.

파워포인트 2007, 2010, 2013 버전에는 2003 버전에 없는 템플릿이 많고 도형제작 등에서 시간을 많이 절약할 수 있다.

시험장소에 따라서 시험관에 따라서 시험장의 분위기가 다르다. 시험관이 컴퓨터에 이미 설치된 프로그램 이외에 다른 프로그램을 설치할 수 있다는 점에 대해서 잘 모르는 경우, 한국산업인력관리공단 실기시험팀 컨벤션기획사 자격시험담당자(02-3271-9170)에게 문의해서 확인하도록 정중하게 요구한다.

시험 감독관이 주로 일반 학교의 국어, 수학 등을 가르치는 선생님들이라서 컴퓨터 프로그램에 대해서 잘 모르는 경우가 있을 수 있다.

시험장에 미리 도착한 후 시험 중앙통제실이나 감독실에 들려서 CD 원본을 보여주고, 프로그램이 왜 필요한지 물어보면 기획서 작성에 필요한 이유를 설명하고 시험 시작 전에 설치하면 된다.

- 파워포인트: 기획서 작성에 기본적으로 사용하는 프로그램
- 엑셀: 예산
- 프로젝트: 인력관리, 비용관리, 일정관리
- 비지오: 순서도, 조직도, Floor plan, Grantt chart

1) 오피스 엑셀(Office Excel)

예산 항목은 주어진 조건에 맞는 항목 위주로 편성
금액은 가상의 국제회의이기 때문에 정확할 필요가 없으며, 액수보다 중요한 것은 예상 항목이다.

컨벤션기획과 운영과정에서 예산 수립과 관리 등의 계산에 유용한 프로그램이다.

국제회의의 진행 순서별로 항목을 정리하는 방법

☞ 공항 입국 → 이동 → 숙박 Check-in → 등록 → 회의 참석 → 사교행사 참석 · 관광 → 호텔 check-out → 이동 → 출국

비용 측면에서 위의 사항을 재정리한다.

• 항공비: 일반 참가자는 소속기관에서 부담한 비용으로 항공편을 이용해서 참석하게 된다. 따라서 항공비는 일반 참가자는 해당되지 않으며, 초청연사에게만 항공권을 제공하게 된다.

• 교통비: 공항에서 호텔까지

　호텔에서 관광지

• 등록비: 행사 기획자 측면에서는 수입 항목

• 회의 운영비: 회의를 하기 위한 장소 임차 및 회의에 필요한 장비 임차 그리고 인력이 동원된다.

• 전시회 운영비: 전시회를 운영하기 위한 시설 임차비

　전시회 참가비를 받는 경우는 수입 항목도 고려하게 된다.

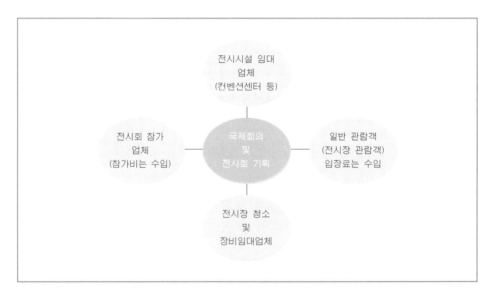

• 사교행사: 사교 행사 준비 비용

• 관광: 이동이 포함되기 때문에 교통비를 포함한 관광행사 준비 비용

엑셀에서 덧셈, 곱셈, 나눗셈, 합계 계산 방법을 이해해야 된다.

	A	B	C	D	E	F	G	H	I
1	지출 내역								
2		단가	수량	단위	기간	금액	비고		
3	초청연사경비								
4	항공료	2,500,000	2	명			왕복		
5	숙박료	240000	6	일	3		일박당		
6	식비	40,000	3		3		하루 3회		
7	지상교통비	100,000							
8	대회장 임차료								
9	회의장 임차료	2,000,000	1		3				
10	전시장 임차료	3,000,000	1		3				
11	장비임차료								
12	동시통역장비	5,000,000	3	대	3				
13	통역비	3,000,000	6	명	3				
14	빔 프로젝트	600,000	3	대	3				
15	컴퓨터	300,000	3	대	3				
16	프린터	200,000	3	대	3				
17	복사기	300,000	3	대	3				
18	무전기	50,000	15	대	3				
19	HUB AND LAN구성	100,000	1	개	3				
20	인터넷 전용선	30,000	3	개	3				
21	레이저 포인터	20,000	3	대	3				
22	FAX	200,000	1	대	3				
23	식수대	70,000	3	개	3				

(1) 일정표 작성

일정표는 시간단위는 30분 및 1시간을 혼합하는 것이 바람직하다. 특히 30분 단위는 Coffee Break를 표기할 때 유용하다. 엑셀에서 일정표 작성 후 복사해서 파워포인트에 붙여넣기하면 된다.

(2) 3차원 서식

3차원 서식 – 깊이

2) 오피스 파워포인트

문제의 조건에 맞추어 회의 목적, 시기, 기간, 주최, 참석 인원, 예산을 항목별로 정리
전체적인 구성에 맞추어 목차를 정하고 슬라이드 구성량 결정
각 항목별로 기본 계획과 실행계획으로 구분해서 세부 요점 정리

(1) 구성 요령

가. 첫 슬라이드

국제회의명
수험자 이름과 수험번호 표기

나. Contents 또는 제목

국제회의 개요: 언제, 어디서, 누가, 무엇을

〈1〉
- 회의명:
- 회의 주최:
- 회의 주제:
- 개최장소:
- 개최기간:
- 참가규모:
- 공식언어:
- 후원:

〈2〉
- Title:
- Host:
- (Main) Theme:
- Venue:
- Period:
- Participants:
- Official Language:
- Sponsor:

〈3〉
- Title:
- Organizer:
- (Main) Topic:
- Place:
- Period:
- Number of participants:
- Official language:
- Sponsor:

다. 기본 전략 (기본 계획)

모든 슬라이드는 기본계획과 실행계획 그리고 업무 흐름도, 그리고 Floor plan을 적는 것을 기본으로 한다.

구 분	기본계획	실행계획	업무 흐름도	Floor Plan
관광	관광행사의 기본 컨셉	관광행사의 실행계획	업무순서도	관광지, 관광일정표 등
회의	회의의 기본 컨셉	회의의 실행계획	회의 순서도	회의장소 Floor plan (회의장 내부, 등록데스크 위치 등 회의장 외부 포함 여부 결정)

기본 concept, 정보교류, 친목도모 등

라. 추가 가능한 슬라이드: 회사 소개

사훈, 목표, 직원 구성 등

회사 소개 슬라이드의 위치: 행사 개요 바로 다음 또는 행사 개요, SWOT분석 바로 다음 또는 맨 뒤 슬라이드

마. 추가 가능한 슬라이드: SWOT 분석

회의 주제에 대한 SWOT분석

Strength	Weakness
Opportunity	Threat

바. 회의 일정표

도표로 구성(엑셀을 활용하면 효율적)

사. 국제회의준비위원회 조직도

아. 항목별 슬라이드 구성

〈1〉

- 기본 계획
- 세부 계획
- 운영 계획 (실행 계획)
- 홍보 계획
- 예산 계획

〈2〉

- 기본 계획: 회의 전체에 대한 기본 계획
- 효율성, 정보교류의 장, 한국 문화 소개, 한국협회의 위상 강화 등
- 운영 계획: 회의 개별 항목별 운영 계획
- 영접: 편안함, 안전
- 숙박: 쾌적함, 편리성, 편의성, 근접성 (호텔과 컨벤션센터 등)
- 수송: 안전성, 정시성, 정확성
- 등록: 효율성, 신속성(현지등록), 정확성
- 회의: 회의장소 선정 이유 (입지성, 접근성, 주변시설, 교통 등)
  편리성, 효율성, 회의 분위기 조성, 유연성, 주변 환경
- 사교행사: 친숙한 분위기 조성, 다이나믹한 행사 내용, 추억
- 홍보: 참가율 향상, 광고 효율성, 광고 효과
- 관광: 즐거움, 문화 체험, 한국의 전통문화 소개 기회
- 전시: 질서, 안전, Booth 효율적 배치
- 인력관리: 친절, 전문교육. 책임의식 고취
- 실천 계획: 회의 계획과정에서 주안점 등
- 운영 계획을 3차원 도형, 그라데이션 적용, 화살표 등으로 시각적 및 역동적으로 표현한다.
- 영접: VIP와 일반 국제회의 참가자로 구분

공항 영접 장소 등

공항 사진 활용 가능

• 숙박: Main hotel과 sub hotel 구분 (다양한 등급 확보)

  ☞ 숙박장소 결정 → 가계약 → Block 예약, 예약 접수 → Confirmation sheet 발송 → 최종명단 호텔에 제출 → Block 예약 해지 → 국제회의 참가자 check in

  ☞ 숙박 예약 과정 순서도 – Office Visio 순서도 활용

  ☞ 호텔과 컨벤션센터간의 거리와 이동경로 등

• 수송: VIP, 초청연사, 일반 국제회의참가자로 구분해서 수송 계획 수립

  ☞ 공항-호텔(입국), 호텔 – 회의장, 호텔 – 관광지, 호텔 – 공항(귀국)

  ☞ 차량 이동 시간표, 차량 이동 경로 – 지도 사진 활용 가능

• 등록: 사전등록 절차과정의 도표 – Office Visio에서 순서도

  ☞ 현지등록 데스크 위치 – Office Visio에서 floor plan

  ☞ Name tag, Congress kit, Computer, Printer 등 준비

• 회의: 회의장 Setup, 발표자 관리, 발표자료 배포, preview room, 회의진행, 회의 기자재 등

• 사교행사: Opening reception(banquet)

  ☞ Closing reception, welcome reception, farewell recetion

  ☞ 연회장의 위치, 연회장 Setup 등 – Office Visio에서 신속하게 작성 가능

  ☞ 사교행사 timetable: Welcome cocktail, 얼음 장식, 축사, 무대행사, Door prize 등

• 출판물 제작: Announcement 제작, 각종 봉투, 유도 사인 제작

  ☞ 회의자료 제작: 논문 접수 → 논문 심사 → Proceedings 제작

• 홍보: 홍보매체 일부, 홍보매체 로고 등

  ☞ 인쇄매체, 방송매체 등 매체별 홍보전략

  ☞ 홈페이지 제작(가상의 웹사이트 주소: http://www.행사명.or.kr) 및 관리

  ☞ 한국관광공사의 협조

• 전시: 부스 디자인 컨셉, 전시물 설치, 전시물 전시, 전시물 철거로 구분 timetable

  ☞ 부스 설치 Floor plan – Office visio로 손쉽게 작성 가능

• 관광: 관광지 사진, 관광지 이동 경로 등

☞ Pre-conference tour, Post-conference tour, Techinical tour(산업시찰), 동반자 행사

☞ 관광지 이동 경로 표시

☞ 관광지 결정 → 공식여행사 지정 → 현지 답사 → 관광행사 → 공식관광행사 시행

• 인력관리: 진행요원 채용 – 교육

☞ 채용기준, 교육일정

☞ 인력배치 장소: 공항영접, 회의장, 탑승 장소 등

• 예산: 수입과 지출 항목정리

☞ 계획 내용에 들어간 항목 정리

☞ 예비비 10%

☞ 수익: 등록비, 지원금, 협찬, 판매수익(프로그램 북, 논문집, 전시부스 판매 등), 이자

☞ 비용: 초청연사 초청비(항공·숙박·식사·강연료 등), 회의장 임대비, 회의 A/V 장비 임대비, 연회비(공연, 식음료비 등), 관광, 동반자행사, 홍보비(인쇄매체, 홍보물 제작비 등), 인건비(행사진행요원 채용), 운영비 (사무국 운영비)

(2) 국제회의의 진행 순서별로 항목을 정리하는 방법

공항 입국 – 이동 – 숙박 Check-in – 등록 – 회의 참석 – 사교행사 참석 – 관광 – 호텔 check-out – 이동 – 출국

(3) Visual을 보다 화려하게 하기 위한 전략

가. Gradation 활용

도형서식 – 그라데이션 – 기본색 설정
중지점 추가 및 중지점 위치

나. Smart chart 활용해서 도표 완성

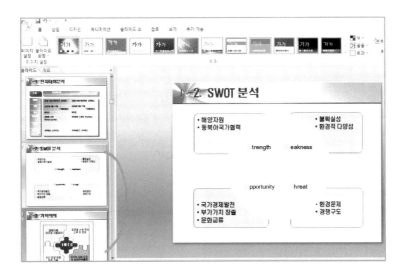

(4) 3차원 도형

도형 - 기본도형 - 원통형

(5) 파워포인트 단축키 이해

시험장에서 시간을 절약할 수 있는 단축키를 익혀둘 필요가 있다.

Control Key

단축키	역할	단축키	역할
Control Key + A	전체 선택	Control Key + B	굵은 글씨
Control Key + C	복사	Control Key + D	선택한 슬라이드 사본
Control Key + E	가운데 정렬	Control Key + F	찾기
Control Key + G	그룹 지정	Control Key + H	텍스트 변경
Control Key + I	글씨 기울기	Control Key + J	양쪽 정렬
Control Key + L	왼쪽 정렬	Control Key + M	새로운 슬라이드 추가
Control Key + R	오른쪽 정렬	Control Key + S	저장
Control Key + V	붙여넣기	Control Key + X	잘라내기
Control Key + Y	재실행	Control Key + Z	실행 취소
Control Key +F2	인쇄 미리보기		
Control Key +]	글씨 크기 키우기	Control Key + [	글씨 크기 줄이기

Shift Key

단축키	역할	단축키	역할
Shift Key + F3	대소문자 변경	Shift Key + F9	눈금선 보기
Shift Key + 방향키	도형 및 텍스트 박스 이동		

Control Key + Shift Key

단축키	역할	단축키	역할
Control Key + Shift Key + S	다른 이름으로 저장	Control Key + Shift Key + C	서식 복사
Control Key + Shift Key +G	그룹 해제	Control Key + Shift Key + F	글꼴 변경
Control Key + Shift Key + V	서식 붙이기		

Function Key

단축키	역할	단축키	역할
F5	프레젠테이션 시작	F7	맞춤법 검사
F12	다른 이름으로 저장		

(6) 기획서에 활용하는 도형의 종류

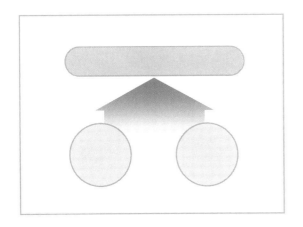

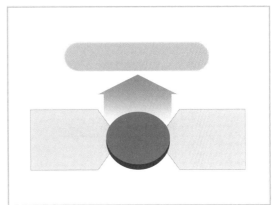

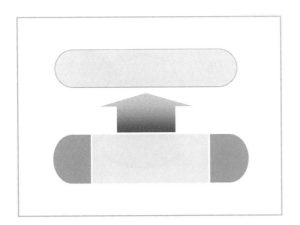

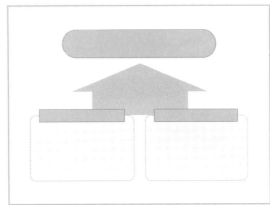

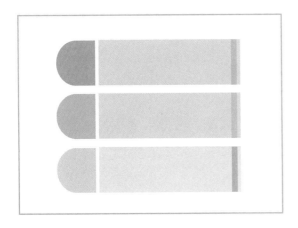

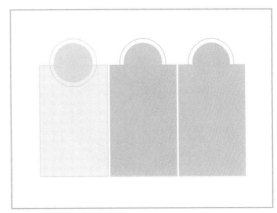

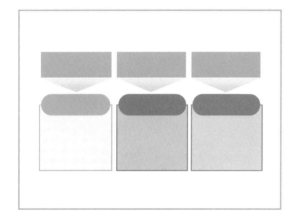

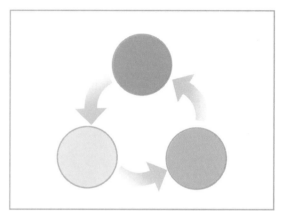

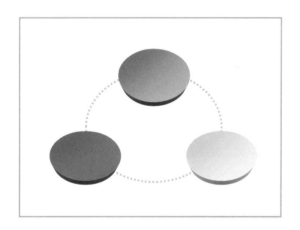

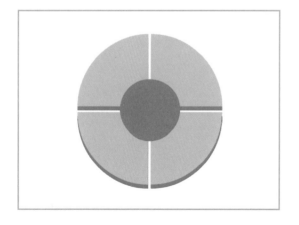

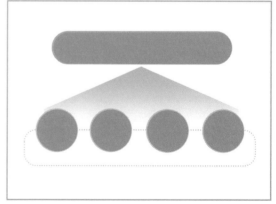

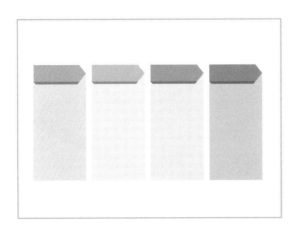

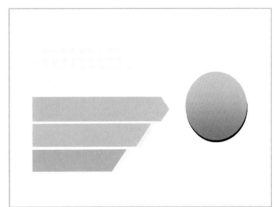

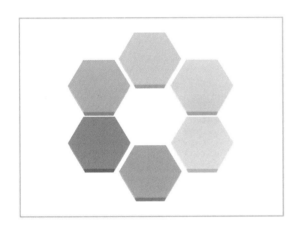

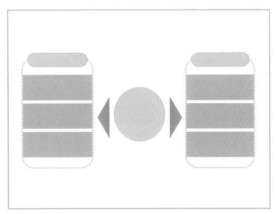

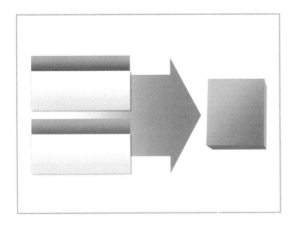

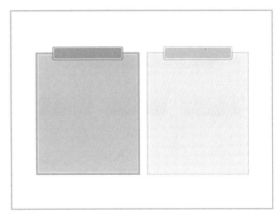

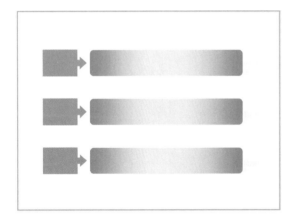
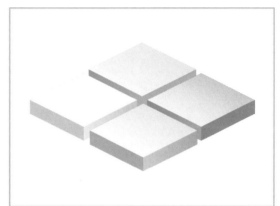
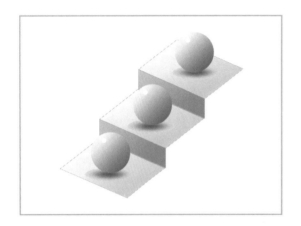
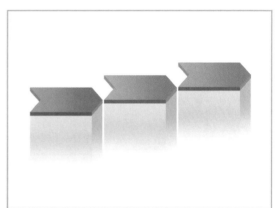
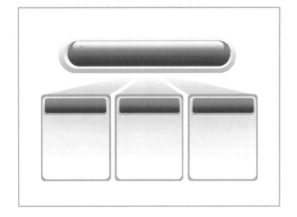
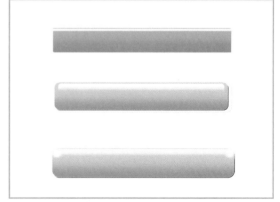

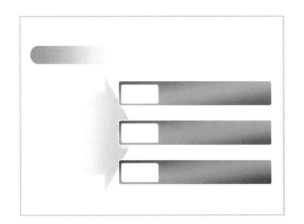

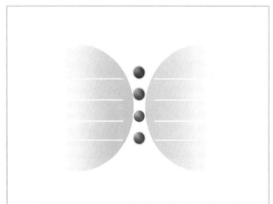

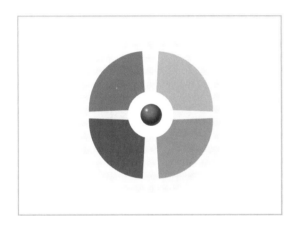

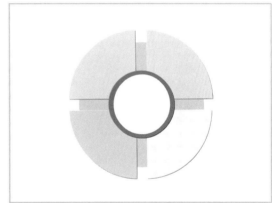

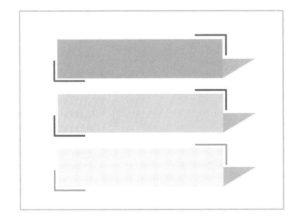

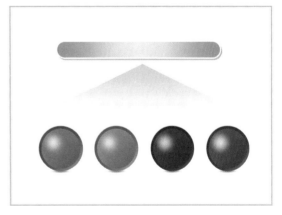

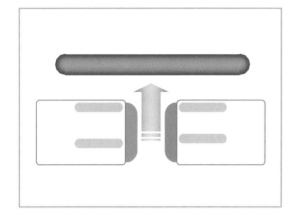

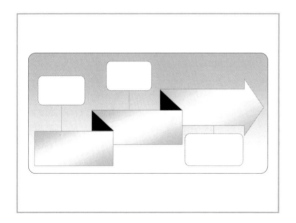

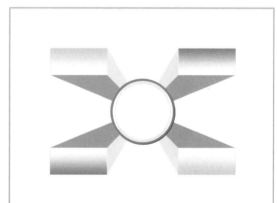

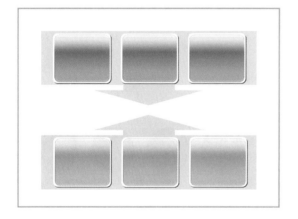

4 | 기획서에 포함되는 기본사항 정리

1) 국제회의 기획사가 하는 일

- 국제회의 유치
- 국제회의 컨설팅
- 회의준비 사무국 운영
- 예산기획
- 행사장소 섭외
- 예상참가자 DB 구축
- 등록 / 논문접수
- 참가자 관리프로그램
- 참가자 숙박업무
- 출판물 기획 / 디자인
- Publish & Promotion
- Web Design
- 행사기획 및 진행
- 관광프로그램 기획
- 시청각 기자재 수급
- 회의운영 전문인력 수급
- 동시통역
- 행사 시설물 제작
- 회의 결과보고서 작성

컨벤션기획사 자격시험은 바로 이와 같은 컨벤션기획사가 하는 일 중에서 기획서 작성을 중심으로 평가하는 것이다.

기획서는 국제회의를 유치한 기관·단체에게 PCO가 국제회의를 맡아서 어떻게 기획하고 어떻게 운영할 것인지 제시하는 제안서라고 보면 된다.

(1) 등 록

- 사전등록 접수준비 제반 사항
- 등록운영 계획 수립
- 등록프로그램 개발 및 운영
- 온라인 결재시스템 구축 및 운영
- 등록 안내서 및 서류 작성
- 등록비 수납 및 등록 확인서 송부
- 사전등록 접수 및 관련 제반 업무
- 현장등록 계획 수립
- 현장등록데스크 운영인력 선발 및 교육
- 현장등록데스크 기자재 설치 및 운영

(2) 숙 박

- 가용호텔 시설 조사
- 숙박호텔 Room Blocking
- 숙박신청접수 및 예약관리
- 참가자 숙박 관련 제반 업무
- 숙박자 리스트 작성
- 추가 요청 및 변경사항 처리

(3) 회 의

- 초청연사에게 초청서한 발송
- 초청연사의 초청 답변 및 문의사항 처리
- 초청연사 항공·숙박 예약
- 회의안내서 등 홍보인쇄물 제작
- 프로그램북 제작
- 발표자료집 및 CD-ROM 제작
- 회의장 배치계획 수립
- 회의장 배치 도면 작성

- 회의 시청각 기자재 수급 및 운영
- 동시통역 계획 수립
- 회의장 운영인력 선발 및 교육

(4) 인쇄 및 출판

- 회의 인쇄물 종류 및 수량 산출
- 회의 관련 인쇄물 디자인
- 인쇄 및 출판 배포

(5) 홈페이지

- 홈페이지 내용 기획
- 홈페이지 제작
- 홈페이지 유지 보수
- 등록프로그램 탑재

(6) 공식행사

- 행사계획 수립
- 각 행사 Q-sheet 작성(10분~30분 단위)
- 각 행사 시나리오 작성
- 사회자 및 공연단 섭외
- 공연기획 및 연출
- 행사장 준비 및 Set-up
- 총 리허설 진행
- 행사 진행 및 연출

(7) 부대행사

- 행사계획 수립
- 각 행사 Q-sheet 및 시나리오 작성
- 행사장 준비 및 Set-up

• 행사 진행

(8) 의전

- 의전계획 수립
- VIP 개회식 참석 관련 업무
- 관계 기관 사전업무 협의
- 개회식 참석자 확인
- 비표 발급 업무

(9) 공항영접

- 공항영접 세부계획 수립
- 공항영접 관련 기관 협조요청 등 제반업무
- 영접관련 설치물 제작 및 Set-up
- 공항영접 운영인력 선발 및 교육
- 영접차량 섭외 및 운영
- 공항영접 운영

(10) 관 광

- 관광코스 조사 및 개발, 선정
- 공식여행사 선정
- 동반자행사 계획 수립
- 현장 관광데스크 운영
- 관광 운영

(11) 수 송

- 수송계획 수립 및 수량 산출
- 숙박호텔부터 행사장간 수송업무
- 수송업체 선정 및 관리
- 수송운영요원 선발 및 교육

(12) 설치제작물

- 공급업체 조사 및 섭외, 선정
- 공식행사 용 기자재 수급 및 설치 운영
- 옥내외 홍보물 시안 제작 및 설치
- 설치물 유지 관리

(13) 행사장

- 전체 행사장 배치도면 작성
- 회의장 도면 작성
- 각종 부대사무실 도면 작성
- 행사장 운영인력 선발 및 교육
- 행사장 설치 및 운영

(14) 장비 · 기자재 수급 및 설치 운영

- 필요 기자재 수급 계획 수립
- 기자재 수급
- 현장 설치 및 관리 운영

(15) 회의 기록

- 비디오 촬영 및 편집
- 사진촬영 및 기록앨범 제작

(16) 국제회의 기획요소

- 왜 회의를 개최하여야 하나?: 회의 목적
- 그 회의에서 무엇을 성취하고자 하나?: 회의 목적과 동일
- 대주제(Theme)는 무엇으로 할 것인가?: 회의 주제
- 어떤 분야의 어떤 주제를 다룰 것인가?: 회의 주제와 동일
- 회의를 어떻게 구성할 것인가?: 회의 시간표 작성
- 누가 참가할 것인가?: 회의 참가자 규모

- 언제 개최할 것인가?: 회의 개최 시기
- 회의기간을 얼마나 할 것인가?: 회의 개최 시기와 동일
- 회의 장소는 어디로 할 것인가?: 회의 개최 장소
- 회의 비용은 얼마나 소요될 것이며 자금 조성은 어떻게 할 것인가?: 회의 예산

(17) 조직위원회 구성

등록 · 숙박 · 회의 · 사교행사 · 관광 · 홍보 · 재무: 각 분과위원회는 참가자의 이동 순서로 적어도 된다. 지금까지 전시분야는 시험에서 출제된 적이 없다. 시험 문제의 조건에 없기 때문에 전시분과위원회는 조직위원회 구성에서 제외한다. 조직위원회 구성에서 조직위원장, 사무총장, 사무국, 각 분과위원회는 가장 중요한 구성요소다.

(18) 학술 회의 준비 순서

- Mailing List 작성 및 관리
- Call for Paper / Flier
- Announcement / Circular / 1st Announcement
- Guidelines for Abstract 또는 Full Manuscript / Authors Kit
- Keynote Speaker 또는 Invited Speaker 선정
- 2nd, 3rd Announcement 또는 Preliminary Program Book
- Program 편성
- Session Chair 선임
- 논문심사 및 인쇄
- 회의장 (Session Hall / Room) 배정
- 시청각기자재 (Audio-Visual Aids) 확보
- 회의진행
- 각종 사교행사 진행
- 각종 관광프로그램 진행
- 결과보고서 작성
- 조직위원회 해산

5 | 국제회의(국제행사) 단계별 진행과정 이해

1) 국제회의(국제행사) 개최지 결정 단계

(1) 본부로부터 각 회원국에 발송한 Bidding Specification 접수
(2) 국제회의를 유치하고자 하는 국가에서 국제회의(국제행사) 유치 신청을 위한 사전 조사
- 주최자의 조직력, 운영 능력 고려
- 개최 규모 고려
- 예산 규모 고려
- 회기 및 시기의 적정성
- 회의장 정보 입수
- 숙박시설 정보 입수
- 교통의 편리성 조사
- 참가자의 출입국 문제 조사
- 관광, 수송, 도시기능
- 정부 고위관료 참가 등 행사진행 관련 정보의 수집
(3) 국제회의(국제행사) 개최지 결정을 위한 비교 및 현지 답사
(4) 입후보 의사 결정 [국제회의를 유치하고자 하는 기관 및 협회의 내부 의결]
(5) 본부에서 각 회원국에 발송한 Bidding Specification의 요구 조건에 맞추어 입후보 희망서(Proposal)을 작성하여 본부에 제출
(6) 국제회의(국제행사) 유치를 위한 활동
- 회의의 주요 의제 분야에서 한국의 지위와 중요성 홍보
- 국제본부 임원이나 중요 인물을 국내로 초청하여 한국의 매력을 홍보
- 초청장을 발송한다.
- 한국 소개, 관광, 회의시설, 국제회의관련 시설의 소개 팜플렛을 첨부
- 개최지 결정위원회, 임원회의, 이사회, 총회 등 각종 주요 회의에서 한국의 개최지로서 준비된 모습을 홍보
- 입후보 경합국이 있으면 적극적인 유치활동, 시설, 능력, 경험이 중요한 변수가 된다.

(7) 개최지 결정 전에 실시하는 본부의 개최 신청국에 대한 현지 답사

(8) 개최지 최종 결정

  • 현지 답사 후 최종적으로 투표에 의한 결정

  • 결정통보를 서면으로 받는다. [계약서 체결하여 국제기구의 본부와 유치국의 조직위원회간 역할 분담 명시]

2) 준비 제 1 단계 [개최 3-4년전]

(1) 준비 조직의 구성

  • 유치국내 조직위원회의 설치 [유치위원회에서 조직위원회로 명칭 변경]

  • 실무를 담당할 사무국의 설치

  • 각 분과위원회의 설치

  • 조직위원회 규약 및 회계규정의 작성

(2) 공식 여행사, 공식 항공사, 공식 국제회의전문용역업체 선정

(3) 회의 설명 자료의 작성[회의 주제, 토론 방법, 발표자 성명 등]

(4) 회의 규모 파악

(5) 회의장 선정

(6) 숙박 호텔의 선정

(7) 필요 예산 규모와 재원 파악

(8) 등록비와 등록기간의 설정

(9) 언론 보도 발표 [보도자료 작성]

3) 준비 제 2 단계 [개최 2-3년전]

(1) 매스터 플랜의 검토 및 확정

  • 주제 선정

  • 업무진행 예정표[업무진행 시나리오]의 작성

  • 회의 상징물 디자인 [Emblem 등]

(2) 편지지 등 제작물 확인

(3) 행사 일정 확정

(4) 참가자 모집 개시
- Mailing list 정리
- 개최 안내문(공식 초청 서한) 발송 [First announcement/First Circular]

(5) 각종 안내문 / 홍보물의 발송 (등록, 숙박, 교통편 제공, 논문 모집, 동반자 행사, 개최지 소개 등)‒ 과거에는 우편물로 발송했으나 최근에는 인터넷 홈페이지를 통해서 공지하는 경우가 많아지고 있다.

(6) 관련 행사의 기획

(7) 발표논문 접수

(8) 예비 예약 [호텔, 전세버스 임대업체, 전시장, 여행사 등과 가계약]

4) 준비 제 3 단계 [개최 6개월 / 1‒2년전]

(1) 참가자 유치 활동
- 각종 안내문[Second Announcement/Second Circular] 작성
- 초청 연사에게 초청 서한 발송
- 해외 참가자의 참가 독려
- 조직위원회장의 참가 요청서한 발송

(2) 등록 및 숙박예약의 접수 개시

(3) 교섭 및 절충 후 최종 계약

(4) 보조금의 신청 / 보조금의 종류와 금액의 조사
- 필요 서류 확인
- 제출 기일의 확인
- 신청 수속

(5) 관련 관공서 및 공공기관의 협조

(6) 회의장 사용 계획의 작성
- 필요한 회의장 종류
- Floor plan 작성
- 예상되는 언어 분포 및 공식 언어 결정

(7) 발표 논문 선정 및 계약서 체결

5) 준비 제 4 단계 [개최 1개월 – 6개월전]

(1) 행사 일정의 확정

(2) 가계약한 회의장을 회의일정과 규모를 파악하여 확정

(3) 총회[Plenary Session] 사회자, 동시 진행 소회의별[Concurrent Sessions] 사회자 결정

(4) 회의장 내외부 제작물의 발주

(5) 회의자료의 준비 및 작성

(6) 각종 비품 등 준비

(7) 필요 업무에 따른 역할 분담과 Job Description 세부 작성

(8) 행사진행 요원의 확보

(9) 운영 매뉴얼의 작성

(10) 행사 준비 상황 확인 및 관련 준비자료 확인

6) 개회 직전의 준비 [개최 1개월전]

(1) 제작물의 최종 점검 [Picket, Placard 등 영접 준비물 포함]

(2) 본부 사무국직원, 컨벤션센터 직원과 회의 운영 협의

(3) 임시 행사진행요원에 대한 오리엔테이션

(4) 전화(외선과 내선) 설치 확인

(5) 필요 사무국 비품 / 문구류의 확인

(6) 당일 배포자료 등을 Congress bag[Congress kit]에 넣어서 준비 완료

(7) 회의장 자리 배치 확인

(8) 회의장 조명 [50촉광 정도]

(9) 리허설

(10) 기자재 및 비품의 최종 확인

(11) 일기예보 확인

(12) 음향기기 등의 점검

(13) CIQ[Customs, Immigration, and Quarantine] 출입허가증 신청

7) 국제회의(국제행사)의 운영

(1) 행사 일정표 전달 및 게시
(2) 행사 점검 일일회의
(3) 행사진행요원의 배치상황 확인
(4) 관련 행사의 일정 관리
(5) 여가생활 정보제공
(6) Daily news 발간
(7) 일일 결산 보고 [일일 수입 및 지출 확인]

8) 국제회의(국제행사) 종료 후의 업무

(1) 결산보고
(2) 회의결과 보고서 작성
(3) 회의록 / 의사록 정리
(4) 녹음테이프: 회의내용을 녹음한 테이프를 보관한다.
(5) 속기록 전문: 정부회의는 대부분이 속기록 전문을 보존한다.
(6) 감사 서한 발송 [초청 연사, 참가국]
(7) 회원으로 접수받은 감사 서한에 대한 답신 발송
(8) 조직위원회의 해산

6 | 국제회의(국제행사) 기획 및 운영관련 조직 역할 이해

조직의 역할과 등록 · 숙박 · 회의 등 세부 항목별 해야할 일과 동일하다.

1) 국제회의(국제행사) 유치위원회

• 국제회의(국제행사) 유치 계획 수립

- 국제회의 유치활동 전개
- 국제회의 유치 희망국가에게 보내는 회의유치 조건 통보 서한 [본부에서 각 회원국에 발송]
- 국제회의 유치 신청서 [국제회의 개최 신청서한에 별첨]
- 국제회의 유치 후보지명 및 현지답사 예정 통보 서한
- 국제회의 개최지 최종 결정 전에 국제기구에 보내는 서한
- 국제회의 개최 합의 서한 [국제회의 개최지 결정과 합의서 체결]
- 국제회의 개최 승인서

2) 국제회의(국제행사) 개최준비위원회

- 유치위원회를 준비위원회로 개명 / 인원 충원
- 국제기구와 계약서 체결
- 국제회의(국제행사) 개최 안내문 발송 [Pre-registration form을 첨부]
- 협회·기구·단체 본부에 업무협의를 위해 방문계획임을 알리는 서한
- 국제회의전문용역업체, Convention Center, 호텔, 여행사, 항공사로의 판촉 활동 [판촉서한, 방문]
- 조직위원회와 국제회의전문용역업체간의 계약서
- 고용 계약서 [Host Committee 및 국제회의용역업체의 임시 직원 등]

3) 국제회의(국제행사) 개최준비위원회 산하 각 분과위원회

각 분과위원회별로 국제회의(국제행사) 기획 및 준비 단계에서 작성하는 서한과 문서는 아래와 같다. 분과위원회는 이름뿐이며 실제로 사무국에서 모든 서한과 문서를 직접 작성하기도 한다.

(1) 회의 분과위원회

가. 회의 자료

- 발표 논문 모집 [Call for papers] 안내문 발송 [논문 발표 신청서를 첨부]

- 발표 논문 선정 안내문 [강연자와의 계약서, 강연 녹화 승인서]
- 기조연설 등 연사의 원고 발송요청 서한
- 회의 의제 제안서 발송
- 회의 의제에 대한 의견 및 문의사항 처리 [의제 추가요망, 다른 회원의 의견 회람 등]
- 발표 논문 요약집 제작
- 초청 연설자에 대한 정보자료 정리 및 명단 정리

나. 회의 일정

- 회의 일정표 및 진행 계획 수립
- 사회자 선정 / 사회 의뢰
- 연설 / 강연 의뢰 서한
- 연설 / 강연 수락 / 거절 서한
- 강연 수락에 대한 감사 서한
- 회의관련 각종 문의사항 처리[일정 확인, 강연 시간, 회의장과 숙박호텔간의 거리, 이사회 개최장소, 회의장소, 회의 참석예정 인원 등]
- 강연자 확인 서한
- 행사 참가자 명단 정리

다. 회의장

- 회의장 준비
- 행사장 자리배치 안내문 / 회의장 배치도
- 회의장 예약 및 사용확인 서한
- 회의자료 문서 보관소 운영
- 호텔 / 컨벤션 센터에 회의장 준비 지침 통보
- 회의장 준비관련 협조요청서 [수신: 호텔 또는 컨벤션 센터]
- 회의장내 시청각 설치 및 회의실 형태 신청서 [수신: 호텔 또는 컨벤션 센터]
- 사진전문업체와의 계약서
- 회의진행 전문요원[동시통역사, 속기사 등] 확보
- 동시통역시설 임대차 계약서

• 현수막, 배너, 플래카드, Congress bag[Congress kit], 뱃지, 리본, 차량부착용 환영 스티커, 수하물용 시티커 등 제작[수신: 국내의 물품 제작업체]
• 동시통역 헤드폰 이용 안내문
• 안내센터 운영 안내문

(2) 홍보 분과위원회

• 홍보 계획 수립
• 인터넷 홈페이지 구축
• 국내외 언론에 국제회의(국제행사) 개최 홍보 [기자설명회 참석 협조 요청서]
• 기념품 제작
• 기자 설명회, 기자 회견 준비
• 외신기자 취재요령 안내서한
• 홍보자료 제작을 위한 이력서, 사진 송부 요청
• 회의관련 각종 Brochure 송부
• 언론사 보도자료 준비
• 전문 사진사 확보
• 국제회의(국제행사) 사진첩 제작
• Daily news 발간

(3) 재무 분과위원회

가. 재무관리

• 운영 자금의 조달 계획 수립
• 예산 집행계획의 수립
• 운영자금의 수납 관리
• 물품의 구매, 입찰 등에 관한 계약 책임자 및 관리 책임자 임명
• 필요 비품과 사무용품의 비용 지불 기록 [물품관리대장]
• 급여 지급
• 결산 보고서 작성

나. 모금 및 후원

- 공공기관에 재정지원 신청서 제출
- 기업체에 후원 신청서 제출 [후원 조건 안내문]
- 감사패 제작 의뢰서 [수신: 국내의 물품 제작업체]
- Door Prize 준비

(4) 등록 분과위원회

가. 초 청

- 안내서 준비
- 초청서한과 각종 안내서 [일반 참가자, 특별 인사 등에 발송]
- 강연자 초청서한 [강연녹화 허가서, 회의장내 시청각 기자재 신청서 첨부]
- 입국 수속에 필요한 서류 통보
- Visa 발급 협조 서한 [외국에서 개최하는 국제회의에 참가할 경우]
- 참가 예정자수 문의서한
- 초청 수락, 거절 서한
- 회의 참가 독려 서한
- 회의참가 확인 서한

나. 등 록

- 등록 확인 서한 [등록 신청서 한 장에 숙박, 동반자 행사 참가 여부 등을 골고루 포함해서 작성하기도 한다.]
- 등록비 납부 독촉 서한
- 등록비관련 문의사항 처리 [등록비와 숙박비의 구분 여부, 등록비 마감일 문의, 마감일 연기, 납부 방법 문의, 환불규정 등]
- 등록비의 은행 입금 확인
- 등록비(참가비) 납부 통보 서한
- 등록 데스크의 위치와 배치 순서 결정 [사전 등록, 현지 등록, 연사, 특별인사 등으로 구분]
- 환전 준비

- Congress kit 교환쿠폰
- 회의 참가자 명부 제작

(5) 의전 · 영접 분과위원회

- 출입국 편의 제공 [세관통과 절차 안내문, 수하물용 스티커 사용안내문] 발송
- VIP 일정표 작성
- 공항 영접대 설치
- 경찰에 VIP Security 요청서 제출
- 환영 및 안내 표지물 [환영 Placard 등] 준비
- 명함 제작
- 공항–숙박호텔간 이동 준비
- 출국 환송

(6) 숙박분과위원회

- 참가자 숙박 계획 수립
- 각 숙박 호텔별 객실 Block 예약[Blocking]
- 각 숙박 호텔별 객실 조정 및 변동 사항 처리
- 회의참가 예정자에게 보내는 숙박예약 안내 서한
- 참가자의 객실확보 의뢰서한 처리
- 숙박관련 문의 서한 처리 [호텔의 소개, 객실의 위치, 요금 문의, 요금 지불방법 문의, 요금 지불시기 문의 등]
- 숙박관련 변경 사항 처리 [객실수, 투숙기간, 취소 등]
- 숙박 예약 확인
- 객실확보에 대한 조건 통보
- 호텔측에서 국제회의용역업체로 관련 업무 담당자 리스트 확인

(7) 운송 분과위원회

- 참가자 수송계획 수립
- 전시물품 수송계획 수립

- 항공사와의 계약서
- 공식 항공사 선정 안내문 [항공권 할인 쿠폰을 첨부]
- 출발시간 통보 요망 서한
- 지역 교통시설 [렌트카, 버스 등] 문의 처리
- 차량요청 서한
- 항공좌석 예약확인
- 공항의 미팅 서비스 확인
- 셔틀버스 운행 안내문 [호텔 공항간 탑승 이용권]
- 주차 허가증
- 승용차 호출카드
- 귀국 항공편 예약 확인 편의
- 귀국항공편 안내

(8) 사교행사 분과위원회

- 사교행사 기획서 [리셉션, 동반자 행사 등]
- 사교행사 장소 확보 [리셉션 장소, 문화행사 장소, 동반자 행사 장소]
- 사교행사별 일정표 [귀빈 행사 일정표, 동반자 행사 일정표, 동반아동을 위한 행사 일정표]
- 동반자 행사 참가 신청서
- 초청장 [리셉션 초청장 및 R.S.V.P., 오찬 초청장, 언론인 오찬 초청장, 만찬 초청장]
- 사교행사, 민속 공연 안내문
- 입장권 [개회식 및 문화행사장 좌석표, 환영회 입장권, 환송회 입장권, 연회장 입장권]
- 식사 이용권

(9) 관광 분과위원회

- 관광행사 프로그램 기획서
- 관광데스크 설치
- 관광 홍보물 제공 의뢰 [한국관광공사, 각 시도 관광과]
- 관광지 소개

(10) 전시 분과위원회

- 전시회 사업수지 계획 수립
- 부스의 크기 결정 [부스의 크기는 일반적으로 3m×3m가 가장 많으며, 2.7m× 2.7m도 많이 이용되고 있다.]
- 전시회 설명회 개최
- 전시장 선정 및 계약
- 전시회 출품 안내 및 각종 신청서 작성
- 전시회 운영 매뉴얼 작성
- 전시회 참가 안내 및 초청 서한 [전시회 참가 신청서를 첨부]
- 전시회 참가 권유
- 전시계획서 발송
- 전시회 참여에 대한 감사서한
- 세관통과 절차 안내 서한
- 공식 운송전문업체 소개 서한
- 전시회 및 Booth에 대한 각종 문의사항 처리

(11) 총무 분과위원회

가. 직원 채용

- 개최준비위원회[사무국] 직원 채용공고
- 직원 채용을 위한 면접자료
- 교육 자료
- 고용 계약서
- Job description 작성

나. 평 가

- 국제회의(국제행사) 평가 설문서
- 관광행사 평가 설문서
- 동반자 행사 평가 설문서

- 전시회 평가 설문서
- 호텔 및 교통시설 평가 설문서

다. 종료 후의 정리

- 국제회의(국제행사) / 전시회 관련 업체 실무자간의 간담회 개최
- 감사서한 발송 [수신: 참가국, 강연자 등]
- 국제회의(국제행사) 주최측에 접수된 감사 서한에 대한 답신 발송
- 의장에게 감사 서한
- 국제회의용역업체가 호텔, 컨벤션센터에 보내는 감사 서한
- 각종 불편신고 서한 처리
- 결과보고서 작성
- 결과보고서 배포 [본부, 각 지부 및 주최측 보관]

7 | 기획서 문제유형별 문제풀이 과정 연구

각 슬라이드에 무엇을 넣어야 할까?
각 항목별로 무엇을 넣어야 할까?

• 문제 항목별 슬라이드 핵심

문제 항목별	슬라이드 내용	슬라이드 구성
행사 개요	회의 의의 및 효과 행사 개요 SWOT분석	
행사 일정표	· Excel에서 작성해서 파워포인트에서 개체 삽입 선택 · 아래한글에서 작성하고 이미지 캡쳐해서 파워포인트에 삽입	
회의	기본 방향 (Concept) 갠트 차트 (Gantt Chart): 회의 개최 전부터 준비할 사항을 시간대별로(월별) 정리 (When) Floor Plan: 회의장 평면도 (Where) 회의 시간대별(10분 단위) 세부 스케줄 (When)	언제(When), 어디서(Where), 누가(Who), 무엇을(What), 어떻게(How), 왜(Why)
관광	기본 방향 (Concept) 갠트 차트 (Gantt Chart): 관광 행사 전부터 준비할 사항을 시간대별로(월별) 정리 (When) 시간대별(30분 단위) 관광 코스 (When / Where)	
개회식	기본 방향 (Concept) 갠트 차트 (Gantt Chart): 회의 개최 전부터 준비할 사항을 시간대별로(월별) 정리 (When) Floor Plan: 개최식장 평면도 (Where) 시간대별(10분~30분 단위) 개회식 세부 일정 (When)	
폐회식	기본 방향 (Concept) 갠트 차트 (Gantt Chart): 회의 개최 전부터 준비할 사항을 시간대별(월별)로 정리 (When) Floor Plan: 폐회식장 평면도 (Where) 시간대별(10분~30분 단위) 폐회식 세부 일정 (When)	

문제 항목별	슬라이드 내용	슬라이드 구성
등록	기본 방향 (Concept) 갠트 차트 (Gantt Chart): 사전 등록과 현장등록 준비할 사항을 시간대별로(월별) 정리 (When) Floor Plan: 사전등록, 현장등록, 동반자 등록, 사회자 등록 등 등록데스크 종류별 위치 평면도 (Where) 초청연사, VIP, 일반 참가자 등 등록 대상별 준비물 (Who) 사전 등록 진행 프로세스 (How)	
숙박	기본 방향 (Concept) 갠트 차트 (Gantt Chart): 숙박 준비할 사항을 시간대별로(월별) 정리 (When) Main Hotel과 Sub Hotel별 투숙객 분류 (Where) 컨벤션센터와 Hotel 사이의 이동 차량 편의 제공 (What) 숙박 호텔 예약과 투숙 그리고 퇴실 과정의 프로세스 (How)	
홍보	기본 방향 (Concept) 갠트 차트 (Gantt Chart): 홍보 준비할 사항을 시간대별로(월별) 정리 (When) 매체별 홍보 전략 (What) 국내 및 국외 홍보대상별 홍보 전략 (Who)	
의전	기본 방향 (Concept) 갠트 차트 (Gantt Chart): 의전 준비할 사항을 시간대별로(월별) 정리 (When) VIP 및 일반 참가자별 의전 전략 (Who) VIP 및 일반 참가자별 의전 차량 종류 준비 (What) 의전을 위한 준비물 (What)	
논문 접수	기본 방향 (Concept) 갠트 차트 (Gantt Chart): 논문 접수 및 채택 등의 학술 회의 준비할 사항을 시간대별로(월별) 정리 (When)	

▌ 문제 1 ▐

다음의 회의 취지와 제시된 조건을 활용하여 해당 사항에 대한 컨벤션기획서를 작성하시오. (단, 기획서 분량은 A4용지로 20매 내외로 작성)

☞ 회의 취지

한국의학계는 연구와 치료의 국제화를 기하고 제약업계를 비롯한 산학협조를 기하여 세계 시장에 발돋움하기 위해 국제회의를 개최하여 세계 각국의 의학자 및 연구 기관들과 도약을 위한 교류의 장을 열고자 합니다.

☞ 조 건

대한의학회에서는 2016년 9월 6일(수)부터 9월 9일(토)까지 4일간 제25차 국제의학연구학회 연차총회를 제주 국제컨벤션센터에서 개최하고자 한다.

대한의학회에서 주최하며, 주관 PCO사로는 (주)한라산컨벤션서비스를 선정하였다.

본 대회에서 각국의 의학연구학회 회원은 물론 비회원 및 각 연구소의 연구원, 레지던트와 동반자들이 참가한다.

회의 공용어는 영어로 하며, 내국인 400명, 외국인 600명이 참석할 예정으로, 회의실은 탐라홀, 한라홀을 비롯한 대소회의장을 사용할 것이다.

주요 행사내용으로는 개 · 폐회식 3회의 특별 강연, 심포지움 및 자유연제 발표, 포스터 발표 및 상업전시회, 환영연, 한국의 밤, 환송연 등이 포함된다.

☞ 참고사항

본 행사의 환영연은 ICC JEJU의 이어도 플라자, 한국의 밤은 제주 롯데호텔, 환송연은 제주신라호텔의 야외 연회장에서 개최하며 등록비에 포함되어 있다.

관광은 선택관광으로 참가자 부담이다. 첫날에는 Workshop이 있다.

컨벤션기획서는 다음의 사항만을 포함하여 작성하도록 한다.

1. 기본계획

   1) 행사개요

   2) 행사 일정표 (표로 작성)

2. 세부 운영계획

   1) 회의

   2) 관광

   3) 폐회식

▌ 문제 1 문제풀이 ▌

〈 Slide 〉

표지

〈 1 〉

제25차 국제의학 연구협회 연차총회

– 행사기획안 –

2019. 7. 3

(주) 한라산 컨벤션 서비스

〈 2 〉

제25차 국제의학 연구협회 연차총회

– 국제회의 기획서 –

(주) 한라산 컨벤션 서비스

2019. 7. 3

〈 Slide 〉

목 차

〈 Slide 〉

1. 기본 계획

3차원 도형, 화살표, 그라데이션 효과 등을 이용해서 시각적인 효과를 준다. 채점은 프린트된 상태에서 하기 때문에 글자색과 배경색이 비슷하지 않도록 하고 가능하면 글자색과 배경색이 흑백으로 설정해서 글자가 잘 보이도록 한다.

시각적인 효과는 부수적인 것이므로, 시각적인 효과에 불필요한 시간 낭비를 하지 않도록 한다. 기획서 구성과 내용에 더 충실하도록 한다.

1-1 개최 의의 및 기대효과

개최 의의

한국의학의 활성화와 및 국제화

기대 효과

(1) 세계에 한국의학의 위상 제고

(2) 국내·외 의학분야 석학의 연구결과 발표

(3) 의학분야 정보교류

(4) 한국의학을 세계적 수준으로 향상시킬 기회

(5) 국가 이미지 제고

〈 Slide 〉: 추가 가능

SWOT분석은 회의 주제에 대해서 한국에서 국제회의가 개최되었을 때에 국내 입장에서 어떤 강점과 단점이 있는지를 분석하고 해외시장에서의 주변여건에서 어떤 기회요소와 위협요소가 있는지를 분석하면 된다.

SWOT분석

Strength	Weakness
Opportunity	Threat

〈 Slide 〉

1. 기본계획

큰 제목이 슬라이드 맨 상단에 표기되도록 한다. 즉, 어느 큰 제목의 밑에 있는 소제목인지를 매 슬라이드에서 쉽게 확인할 수 있도록 한다.

1-2 행사개요

(1) 행사명

　 – 국문: 제25차 국제의학 연구협회 연차총회

---

1) The 25th Annual General Meeting of International Medical Association

　the 25th Annual Conference of International Medical Association: 첫 글자를 소문자로 표기

　The 25th Annual Meeting of International Medical Association

– 영문: The 25th Annual General Meeting of International Medical Association[1]

(2) 기간: 2019년 9월 6일(수) – 9월 9일(토)

(3) 장소: 제주컨벤션센터 (ICCJEJU)

(4) 참가 인원: 약 1,000명

    – 내국인: 약 400명

    – 국외 참가자: 약 600명[2]

(5) 참가 대상

    – 국제의학연구학회 회원 및 비회원

    – 연구소의 연구원, 레지던트 등

〈 Slide 〉

행사개요

(6) 프로그램

– 공식프로그램

    · 환영연

    · 환송연

    · 개회식

    · 폐회식

– 회의 프로그램

    · Special lecture 3회

    · Symposium

    · Workshop

    · Poster session

    · Exhibition

(7) 공식언어: English

(8) 주최: 대한의학협회

(9) 주관: 한라산 컨벤션서비스

(10) 후원: 보건복지부

---

2) 참가 인원: 약 1,000명
  – 내국인: 약 400명
  – 국외 참가자: 약 600명
 참가 인원: 약 1,000명 (내국인: 약 400명 / 국외 참가자: 약 600명)

⟨ Slide ⟩

3. 행사일정표

시 간	September, 6 (Wed)			
08:00				
09:00	On-site Registration	Concurrent Session	Exhibition (색상 차별화)	같은 시간대에 두 가지 행사가 동시 진행 (특히, 전시회)
10:00		Coffee Break		
11:00				
21:00				
22:00				

⟨ Slide ⟩

2. 세부계획

2-1 학술회의

기본 방향

· 신속하고 효율적인 논문발표자 관리

· 회의 특성 · 참가자 · 규모에 맞는 회의장 선정

· 원활한 회의 진행을 위한 진행요원 교육

· 회의 주제에 맞는 심도있는 프로그램 구성

· 연사와의 긴밀한 연락 유지

· 연사에 대한 의전 만전

· 모든 행사의 Feed back을 통한 검토 및 결과보고

〈 Slide 〉

실행 전략에서 슬라이드의 숫자가 늘어나게 된다.

실행 전략

성공적인 학술회의 업무 수행
· 효율적인 논문 접수 (온라인 접수 등) 및 공정한 심사
· 적절한 회의장 배치
· 필요한 기자재 준비
· 검증된 장비와 기술자 상주
· Preview Room과 회의장간의 네트워크 구축
· 회의장 주변 환경 관리
· 참가자의 이동 동선 최소화

업무 흐름도
기본 계획 수립 ⇨ 주제 선정 ⇨ 장소 선정

초청연사
초청연사 선정 기준 설정 ⇨ 초청연사에게 제공하는 서비스 범위 및 조건 협의 ⇨ 초청장 발송 ⇨ 최종 수락 확인 ⇨ 항공편 · 숙박 등 예약 확인

회의 기획 및 진행
회의진행 세부 시나리오 작성 ⇨ 회의장 배치도 작성 ⇨ 회의장 시설 점검 ⇨ 리허설

회의별 좌장 선정
좌장 선정 기준 설정 ⇨ 좌장 요청 서신 발송 ⇨ 좌장 결정 및 확인 내용 통보 ⇨ 회의장으로의 안내 및 의전 ⇨ 회의장 좌장 위치 및 마이크 상태 점검

발표 논문
발표 논문 접수 방법 결정 ⇨ Abstract 접수 ⇨ 논문 심사 ⇨ 발표논문 확정 ⇨ 발표자에게 발표 논문 확정 통보 ⇨ 발표자에게 Full paper 제출 요청 ⇨ 프로그램 북 / 발표논문집 제작

현장요원 교육
현장요원 채용 ⇨ 교육 ⇨ 리허설

기자재
필요 기자재 확인 ⇨ 필요 기자재 예약 ⇨ 필요 기자재 Set up

	일 시	장 소	필요 기자재
Keynote Speech			노트북, 프로젝터
Special Lecture			
Symposium			
Workshop			
Poster Session		이벤트 홀	
Preview Room		소회의실	

〈 Slide 〉

회의장 운영 전략

회의장 Floor plan
· 참가자의 동선을 고려해서 회의장과 행사자의 기능적 배치 극대화
· 기자재의 안정적인 기술적 운영 여부 수시 확인
· 회의 전 · 중 · 후의 혼잡 최소화
· 세심한 회의장 환경 조성

〈 Slide 〉

2-2 관광

관광 기본 전략
DISCOVERY of JEJU
· Nature
· Cultures
· Taste
· Comfort and Safety

〈 Slide 〉

관광행사 실행 전략

(1) 운영 방침
· 관광행사 단계별 실행 계획
· 관광지 선정
· 공식여행사 선정

· 수송계획 수립
· 등록접수 방법 결정

(2) 예 산
· 등록비 포함여부 확인 (문제에서 확인)
· 예산 범위내에서 효율적인 행사 기획

(3) 프로그램
· 다양한 코스 선택
· 사전 예약 등록
· 차량 확보
· 전문가이드 확보

(4) 안내 데스크
· 안내 데스크 위치 결정
· 프로그램 정보 제공
· 예약 문의 및 접수

〈 Slide 〉

관광프로그램

〈 Case 1 〉

시 간	장 소	비 고
08:00		
09:00		
10:00		
11:00		
21:00		
22:00		

〈 Case 2 〉

구 분	비 고	
일 시	2019년 9월 7일(수)	
대 상	참가자, 동반자	
비 용	등록비 포함	문제에서 확인
장소 선정	제주도 문화, 역사, 음식 체험 가능한 장소	여미지 식물원 테디베어 뮤지엄 천제연 폭포
참가 인원	최소 20명 이상	
차량	25인승 준비	
가이드	제주도 관광전문가이드 확보	언어: 영어

공식관광행사와 동반자 있으면 동반자 관광프로그램을 별도로 만든다.

〈 Slide 〉

2-3 폐회식

· 일시:

· 장소:

· 규모: 약 1,000명

  – 내국인: 약 400명

  – 국외 참가자: 약 600명[3]

· 자격:

  – 외빈 초청자

  – 국제회의 참가자 및 동반자

· 주최: 대한의학협회

· 주관: 한라산컨벤션서비스

· 성격: 국제회의 정리, 차기 국제회의 개최국가의 인사말, 감사장 수여 등

〈 Slide 〉

세부 실행 계획

---

3) 참가 인원: 약 1,000명
  – 내국인: 약 400명
  – 국외 참가자: 약 600명
  참가 인원: 약 1,000명 (내국인: 약 400명 / 국외 참가자: 약 600명)

폐회식 업부 Flow
순서는 변경이 가능하지만 기본 내용은 들어가야 된다.

기본 계획안 수립
⇨ 폐회식 시나리오 초안 작성
⇨ 폐회식장 배치 도면 초안 작성
⇨ 폐회식장 배치 도면 최종 작성
⇨ 폐회식 시나리오 최종 확정
⇨ 사회자 선정
⇨ 공연 프로그램 기본 계획안 확정
⇨ 외빈 초청자 명단 작성
⇨ 공연 프로그램 견적서 접수
⇨ VIP석 확정
⇨ 폐회사 요청
⇨ 초청장 제작
⇨ 초청장 발송
⇨ R.S.V.P. 접수
⇨ 행사장 Set-up
⇨ 행사장 영접요원 교육
⇨ 행사장 리허설
⇨ 행사 진행
⇨ 결과 보고

〈 Slide 〉

행사 구성

− 영 접
　· 행사장 배경음악 확인
　· 사회자 영접
　· 사회자 정위치
　· VIP도착 확인
　· 참가자 입장
　· VIP 입장 및 착석

− 폐회식 진행
　· 폐회식 개회사

· 연설
· 대회 총평가
· 차기 개최국가 대표의 인사말 및 홍보용 비디오 상영

- 종 료
　· 폐회사
　· 참가자간 인사
　· 숙소로 이동

〈 Slide 〉

폐회식 시나리오

시 간	내 용	비 고
9:00 - 10:00	- Staff 정위치 - 폐회식 시설 재확인 - 사회자 도착 확인 - 동시통역사 대기 확인 - 행사장 배경음악 확인	
10:00 - 10:10	- 사회자 소개 및 참가자 착석 안내 - VIP 입장 - 참가자 입장 - 참가자 소개 및 착석 유도 - 폐회식 진행	
10:10 - 10:30	- 인사말 - 상장 수여식	
10:30 - 10:50	- 폐회사 - 차기 국제회의 개최국의 인사말 및 비디오 상영	

〈 마지막 Slide 〉

성공적인 회의 운영을 위한 PCO의 각오 및 메시지
예 성공적인 회의 운영은 현장 경험이 풍부한 한라산컨벤션서비스와 함께!

▌ 문제 2 ▐

21세기 다국적 시대를 맞아 각 국가는 물론이고 기업과 협회에서도 소속단체의 실리를 위한 회의에 큰 관심을 보이며, 국제회의의 전략적인 유치 및 개최 연건을 조성하고 있다.
이러한 추세에 우리나라는 국내의 PCO업계의 발전(목적)과 활성화(목적)를 도모코자, 국제적 PCO단체들과 상호교류의 장을 만들고자 한다.

☞ 조 건
문화관광부(누가)에서는 오늘 2017년 10월 5일에서 17일(3일간)동안 (언제) 제10회 세계PCO협회(무엇을)를 서울 코엑스 (어디서)에서 개최하려고 한다.
이번 행사는 문화관광부가 주최하지만 행사의 진행을 보다 원활하게 운영하기 위하여, PCO업체인 (주)남산컨벤션서비스를 주관사로 선정하였다.
본 행사의 참가대상은 세계PCO협회 회원 및 비회원사도 포함되며, 공식언어는 영어와 한국어로 병행 사용된다.
행사 소요 예산은 5억 내외로 하고, 내국인 300명, 외국인 700여명이 참석할 예정이며, 회의실은 코엑스에 있는 컨퍼런스룸과 오디토리움을 병행 사용할 수 있다.
해외에서 오늘 참가자들은 회의장 인근 코엑스 또는 그랜드 인터콘티넨탈호텔에서 체류하게 된다.
본 행사의 참가비는 회원사 $700, 비회원사 $800이며, 참가자에게는 공식 항공사인 한국항공을 이용시, First class & Business class - 40% D.C 및 Economy class - 60% D.C와 숙박호텔 특별요금 (1박 $120: 봉사료, 세금 포함 / 회의기간 전·후 2일간 동일요금)을 적용받게 되고, 환영,환송만찬과 동반자 행사에 무료로 참석할 수 있다.

☞ 참고사항
본 행사는 개최식과 총회, 분과회의 3회가 이틀 동안 열리며, Optional tour(참가자 부담)가 있게 된다.

컨벤션기획서는 다음과 같은 사항만을 포함하여 작성하도록 한다.

1. 기본계획
   1) 행사개요
   2) 행사 일정표 (표로 작성)

2. 세부 운영계획
   1) 개회식
   2) 등록
   3) 숙박

문제 2 문제풀이

기획서의 모든 내용을 한글로만 표기하지 말고 적절하게 영어 표현도 혼합한다. 등록, 숙박, 동반자행사, 공식관광, 수송, 전시 등에 대해서 프로세스 그림을 어떻게 표현할 것인지 정리해 둔다.

예 현장등록: Onsite registration

〈 Slide 〉

표지

〈1〉

제10회 세계PCO협회 연차총회

– 행사 기획안 –

2017. 7. 3

(주) 남산 컨벤션 서비스

〈2〉

제10회 세계PCO협회 연차총회

– 국제회의 기획서 –

(주) 남산 컨벤션 서비스

2017. 7. 3

〈 Slide 〉

목 차

1. 기본 계획

〈 Slide 〉

1. 기본 계획

3차원 도형, 화살표, 그라데이션 효과 등을 이용해서 시각적인 효과를 준다. 채점은 프린트된 상태에서 하기 때문에 글자색과 배경색이 비슷하지 않도록 하고 가능하면 글자색과 배경색이 흑백으로 보았을 때 구별이 용이해서 글자가 잘 보이도록 한다.

시각적인 효과는 부수적인 것이므로, 시각적인 효과에 불필요한 시간 낭비를 하지 않도록 한다. 기획서 구성과 내용에 더 충실하도록 한다.

1-1 개최 의의 및 기대효과

개최 의의

국제대회를 통한 한국PCO업계의 발전 및 활성화

기대 효과

(1) 세계 컨벤션업계 관계자들간의 정보 교류 증진

(2) 세계 컨벤션업계 현황 파악 및 장기적 발전방향 모색

(3) 지역적 특성 고려한 컨벤션 발전방향 모색

(4) 한국 PCO업계의 위상 강화

(5) 국가 이미지 제고

국제회의 개최 의의 / 목표 / 기대효과는 상호유기적인 의미를 강조하기 위해서 방사 주기형, 주기행렬형, 세그먼트 주기형 등의 그림으로 만든다.

예

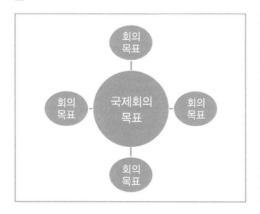

〈 Slide 〉: 추가 가능

SWOT분석은 회의 주제에 대해서 한국에서 국제회의가 개최되었을 때에 국내 입장에서 어떤 강점과 단점이 있는지를 분석하고 해외시장에서의 주변여건에서 어떤 기회요소와 위협요소가 있는지를 분석하면 된다.

SWOT분석

Strength	Weakness
Opportunity	Threat

〈 Slide 〉

1. 기본계획

큰 제목이 슬라이드 맨 상단에 표기되도록 한다. 즉, 어느 큰 제목의 밑에 있는 소제목인지를 매 슬라이드에서 쉽게 확인할 수 있도록 한다.

1-2 행사개요

(1) 행사명
  – 국문: 제10차 세계PCO협회 총회
  – 영문: The 10th Annual General Assembly of Professional Organizer Association [4]
(2) 기간: 2017년 10월 15일(토) – 10월 17일(월)
(3) 장소: Coex Convention Center
(4) 참가 인원: 약 1,000명
  – 내국인: 약 300명
  – 국외 참가자: 약 700명[5]
(5) 참가 대상:
  – 세계PCO협회 회원
  – 비회원사 등
(6) 공식언어: English
(7) 주최: 문화관광부
(8) 주관: 남산 컨벤션 서비스
(9) 후원: 한국관광공사[6]

---

[4] The 25th Annual General Meeting of International Medical Association
the 25th Annual Conference of International Medical Association: 첫 글자를 소문자로 표기
The 25th Annual Meeting of International Medical Association
[5] 〈1〉
참가 인원: 약 1,000명
– 내국인: 약 300명
– 국외 참가자: 약 700명
〈2〉
참가 인원: 약 1,000명 (내국인: 약 300명 / 국외 참가자: 약 700명)
[6] 관광공사 (×)
한국관광공사 (○)
실제 존재하는 정부기관명은 정확하게 표기한다.

〈 Slide 〉

(10) 프로그램
– 공식프로그램
  · 환영연
  · 환송연
  · 개회식
  · 폐회식
– 회의 프로그램
  · 총회
  · 분과회의

〈 Slide 〉

3. 행사일정표

시 간	October, 14 (Fri)				
08:00					
09:00	On-site Registration	Concurrent Session[7]	Exhibition (색상 차별화)	같은 시간대에 두 가지 행사가 동시 진행 (특히, 전시회)	
10:00					
11:00					
21:00					
22:00					

〈 Slide 〉

만약 그림이 필요하면 가능하면 클립아트를 사용하고, 클립아트 중에서도 사진 보다는 용량이 적은 디자인 그림(클립아트)을 선택한다.

---

7) Concurrent Session: 같은 시간대에 여러 회의가 다른 장소에서 동시 진행

예 영접

예 호텔

예 회의

예 관광

시간을 절약하기 위해서 미리 등록, 숙박, 관광, 여행, 동반자, 회의 등으로 검색되는 클립아트의 내용을 파악해 둔다.

2. 세부계획

2-1 개회식

기본 방향
· 회의에 대한 첫 행사이므로 이미지 제고
· 개회식 특성 · 참가자 · 규모에 맞는 행사장 선정
· 원활한 개회식 진행을 위한 진행요원 교육
· 개회식 성격에 맞는 공연 프로그램 선택 및 구성
· 참가자의 동선 관리

개회식
· 일시: 2017년 10월 15일(토) 09:00-10:00
· 장소: Coex 오디토리움
· 대상: 국내외 참가자 약 1,000명
 – 내국인: 약 300명
 – 국외 참가자: 약 700명[8]
· 주최: 문화관광부
· 주관: (주)남산컨벤션서비스
· 성격: 대회 개회식으로 개최지를 처음 소개하는 기회이므로 차분한 분위기 연출

〈 Slide 〉

실행 전략(세부 계획)에서 슬라이드의 숫자가 늘어나게 된다.

〈 1 〉
실행 전략

성공적인 개회식 업무 수행
· 행사 성격에 맞는 행사장 확보
· 시나리오 마련해서 철저한 준비
· Floor plan 작성해서 VIP, 참가자의 동선 예측

---

8) 〈1〉
 참가 인원: 약 1,000명
 – 내국인: 약 300명
 – 국외 참가자: 약 700명
 〈2〉
 참가 인원: 약 1,000명 (내국인: 약 300명 / 국외 참가자: 약 700명)

· 개회사 · 축사 의뢰
· 필요한 기자재 준비
· 검증된 공연단 확보
· 초청장, R.S.V.P. 접수로 참가자 규모 예측
· 행사장 Set-up 준비
· 행사장 리허설로 준비 철저

〈2〉

실행 전략

성공적인 개회식 업무 수행
· 기본 계획안 수립
· 시나리오 초안 작성
· 배치도면 초안 작성
· 배치도면 확정
· 시나리오 확정
· 사회자 선정
· 공연 프로그램 구상
· 외빈 초청자 리스트 작성
· 공연 프로그램 견적 접수 및 확정
· VIP석 위치 결정
· 개회사 요청
· 초청장 제작
· 초청장 발송
· R.S.V.P. 접수
· 행사장 Set-up
· Background music 결정
· 행사장에서 행사 리허설
· 행사 진행

〈 Slide 〉

업무 흐름도
기본 계획 수립 ⇨ 장소 선정 ⇨ 영접 ⇨ 식전 공연 및 공식 행사 ⇨ 개최 선언 ⇨ 기조연설

순서도는 좌에서 우방향으로 만들어도 되고 상에서 하 방향으로 만들어도 된다.

예

	⇨		⇨	

예

⇩

⇩

장소 선정
· 현지 답사
· Floor Plan 확정

영 접
· 사회자 도착 및 준비
· VIP도착
· 일반 참가자 입장
· VIP 입장 및 착석

식전 공연 및 공식 행사
· 식전 공연

개회 선언
· 개회사
· 환영사
· 축사
· 세계PCO협회 회장의 축사
· 세계PCO협회 사무총장의 연간 활동보고

기조연설
· Keynote speaker 순서결정
· Keynote speaker 소개

기자재
필요 기자재 확인 ⇨ 필요 기자재 예약 ⇨ 필요 기자재 Set up

	필요 기자재	비 고
입 장	음향시설	
개회사, 기조연설	노트북, 프로젝터	
행사 공연	조명, 음향시설	

⟨ Slide ⟩

순 서	구 분	소요시간	내 용
1	Stand-by	08:00-08:30 (30분)	Staff 정위치 사회자 도착 확인 VIP 도착 확인 및 안내 공연단 도착 확인 및 준비상황 점검
2	VIP reception / 참가자 입장	08:30-08:50 (20분)	참가자 입장 Background music 시작 VIP 입장 및 착석 특수조명으로 행사 로고와 중앙무대 부각 사회자 입장 사회자 착석유도 및 공연 소개
3	특수 효과	08:50-09:00 (10분)	공연단 입장 안내 및 드라이아이스 효과로 신비로운 분 위기 연출
4	식전 공연	09:00-09:20 (20분)	공연단의 식전 공연
5	개회 선언		한국PCO협회 회장의 개회 선언
6	환영사	환영사·축사 등은 5분 내외로 설정	세계PCO협회 회장의 환영사
7	축사		문화관광부 장관의 축사
8	세계PCO협회 회장 보고		
9	세계PCO협회 사무 총장 활동보고	15분-20분	세계PCO협회의 연간 활동실적 보고
10	기조 연설	20분-30분	외부 초청연사의 주제 관련 Keynote 연설

〈 Slide 〉

2-2 등록

등록 기본 전략
· 정확성
· 신속성
· 효율성
· 준비성
· 보안성 (참가자들의 개인정보 때문에 보안성이 필요합니다.)

〈 Slide 〉

등록 실행 전략

(1) 운영 방침

준비작업

· 본부와의 원활한 업무 협조
· 철저한 데이터 관리
· 등록전문 프로그램 활용

사전등록

· 홈페이지 개설
· 철저한 자료관리
· 신속한 등록확인

현장등록

· 적절한 등록 장소 결정
· 등록 시간 최소화
· 등록전담요원 효율적 배치
· 등록요원의 충분한 훈련

(2) 등록 업무 개요

구 분	사전등록	현장등록
기 간		
방 법	홈페이지, E-mail, Fax	현장에 등록데스크 배치 등록양식 작성 테이블, 필기구 등 준비
등록비	Member: Non member:	Member: Non member:
내 용	사전등록 신청서 접수 신청자 Data base 관리 등록 확인증 발송 참가자 리스트 관리 사전등록비 안내	현장 등록데스크 설치 및 운영 결재 시스템 구축 등록물품 준비 현장등록비 안내

등록 업무의 Check list
· On-line registration 등록 시스템 구축
· 등록비 접수를 위한 은행계좌 개설 등 준비
· 홈페이지 구축 및 홈페이지의 Q&A 효율적 활동
· 효율적인 등록업무 추진
· 참가자 Data base 철저한 자료관리
· 등록 요원에 대한 전문적인 교육
· 정확한 등록비 정산
· 참가자 등록확인서 E-mail 발송
· 현장등록데스크 Floor plan
· 현장등록 준비
· 현장등록 담당요원 교육 철저

〈 Slide 〉

등록업무 흐름도
등록 프로그램 구축 및 운영 ⇨ 등록비 및 등록기간 설정 ⇨ 등록 접수 및 분류작업 ⇨ 현장 등록 데스크 설치 및 운영

등록 프로그램 구축 및 운영
· 효율적인 온라인 등록 시스템 구축
· 참가자 등록, 동반자 등록, 사교행사 참가여부, 등록비, 숙박, 초록 접수 등을 통합해서 처리할 수 있는 Total service 가능한 등록 시스템 구축

등록비 및 등록기간 설정
· 사전등록 마감일 설정 (시험문제에서 사전등록일 유무 확인)
· 등록 유도 홍보활동

등록 접수 및 분류작업
· 회원과 비회원의 등록접수
· 등록확인
· 조직위원회와 효과적인 커뮤니케이션 강화

현장 등록데스크 설치 및 운영
· Congress kit 준비
· 등록신청서 준비

· 등록신청서 작성 가능한 테이블과 필기구 등 배치
· 등록신청서 On-line작성 가능하도록 컴퓨터 비치
· 실시간 Name tag 출력
· 등록경험이 풍부한 진행요원 배치
· 등록업무 효율성과 정확성

〈 Slide 〉

화살표로 동선을 표시한다. 채점은 흑백으로 프린트된 것으로 보기 때문에 색상으로 구분하기 보다는 동선을 점선과 실선으로 구분한다.

현장등록데스크 배치도
· 사전등록데스크 (사전등록자는 사전등록데스크, Congress kit로 이동)
· 현장등록데스크 (현장등록자는 Fill-up de나, 현장등록데스크, Name tag, Congress kit로 이동)
· Name tag 출력
· Congress kit 배포처
· 관광행사데스크
· 동반자행사안내데스크
· 분실물 신고 데스크 (Lost and found)

〈 Slide 〉

2-3 숙박

기본 방향
· 쾌적성
· 접근성
· 다양한 가격대 호텔 확보

세부 계획
· 접근성이 용이한 위치로 결정
· 충분한 객실 확보
· 다양한 등급으로 호텔 확보
· 공항 · 호텔 · 회의장간의 원활한 수송 체계 수립
· 호텔 담당자와의 유기적인 협조 체계 구축
· 숙련된 숙박담당요원 배치
· 현장요원에 대한 철저한 사전 교육

⟨ Slide ⟩

숙박 업무 흐름도
- 숙박 계획 수립: 필요한 객실 확보를 위해서 체계적이고 종합적인 숙박 계획 수립
- 숙박 장소 결정: 객실요금, 거리, 수용능력을 고려해서 숙박장소 결정 및 배정
  Main hotel / Sub hotel Contact: Main hotel과 Sub hotel과 지속적이고 효과적인 연락 시스템 구축
- 숙박요금과 객실수 확보: 필요 객실 확보, 객실요금 협의 및 조정, Complimentary room 객실수 조정
- 숙박등록신청서 접수: Hotel별 예약 현황을 리스트로 작성, 일정 주기별로 보고
- 숙박예약확인증 발급: 투숙 호텔별 참가자에게 예약확인서 발송
- 사전 등록 배정: VIP, 초청연사 등 객실 관리
- 현장 객실 관리: 참가자의 Check-in, No-show관리, 예약변경 및 취소 확인, 새로운 투숙자 관리, 세계PCO협회 임원진의 객실 투숙, Amenity(꽃바구니, 과일바구니 등) 전달, 영자신문 배부, 호텔 외부에 환영현판 준비 협조
- 호텔과 긴밀한 협조 관계 유지: 주기적으로 연락하여 효율적인 숙박 업무 관리

⟨ Slide ⟩

구 분	호텔 이름	가 격	Venue와의 거리	이동 수단
Category A				
Category B				
Category C				

⟨ 마지막 Slide ⟩

성공적인 회의 운영을 위한 PCO의 각오 및 메시지
예 성공적인 회의 운영은 현장 경험이 풍부한 남산컨벤션서비스와 함께!

문제 3

다음의 회의취지와 제시된 조건을 활용하여 해당 사항에 대한 컨벤션기획서를 작성하시오.
(단, 기획서는 파워포인트 20매 내외로 작성)

☞ 회의취지

한국 컨벤션산업의 국가 경쟁력 제고 방안을 논의하기 위한 국제회의 개최

☞ 조 건

· 행사명:
· 기간: 2017년 9월 15일 (목) – 9월 18일(일)
· 장소: 코엑스
· 주최: 가칭 아 · 태컨벤션협의회
· PCO: (주) 남산 컨벤션 서비스
· 후원: 문화관광부 및 다국적 기업
· 참가 대상: 컨벤션기관, 기업 대표 및 교수
  (내국인 1,000명, 외국인 800명, 동반자 200명)
· 등록비: 내국인 10만원, 외국인 500USD, 동반자 200 USD
· 주요행사: 개회식, 폐회식, 환영연, 한국의 밤, 환송연, 전시회 3일, 워크샵 8회, 분과회의 2회,
  공식관광, 동반자 프로그램, 커피 브레이크 5회
· 예산 조건: 총 예산 15억, 정부지원 2억
· 기타: 본부 직원 20명, 초청연사 50명, 임시직원 00명 (구체적인 단위없이 00명으로만 문제에
  제시된 경우 스스로 인원을 필요 인원을 결정)

컨벤션 기획서는 다음과 같은 사항만을 포함하여 작성하도록 한다.

1. 행사 개요 및 일정표
2. 온라인 등록 계획
3. 예산 계획 (수입 지출총괄표, 수입내역표, 지출세부내역표)

문제 3 문제풀이

〈 Slide 〉

표지

〈 1 〉

2017 아·태컨벤션협의회 연차총회

– 행사 기획안 –

2017. 7. 3

(주) 남산 컨벤션 서비스

〈 2 〉

2017 아·태컨벤션협의회 연차총회

– 국제회의 기획서 –

(주) 남산 컨벤션 서비스

2017. 7. 3

〈 Slide 〉

목　차

1. 기본 계획

〈 Slide 〉

1. 기본 계획

3차원 도형, 화살표, 그라데이션 등 이용해서 시각적인 효과를 준다. 채점은 프린트된 상태에서

하기 때문에 글자색과 배경색이 비슷하지 않도록 하고 가능하면 글자색과 배경색이 흑백으로 보았을 때 구별이 용이해서 글자가 잘 보이도록 한다.

시각적인 효과는 부수적인 것이므로, 시각적인 효과에 불필요한 시간 낭비를 하지 않도록 한다. 기획서 구성과 내용에 더 충실하도록 한다.

1-1 개최 의의 및 개대효과

개최 의의

한국 컨벤션산업의 국가 경쟁력 제고 방안을 논의하기 위한 국제회의 개최

기대 효과

(1) 아 · 태지역에서 한국 컨벤션산업의 국가 경쟁력 제고 방안

(2) 아 · 태지역 컨벤션산업과 한국 컨벤션산업의 협력 강화 방안 협의

(3) 한국 PCO업계의 발전 방향 협의

〈 Slide 〉

1. 기본계획

큰 제목이 슬라이드 맨 상단에 표기되도록 한다. 즉, 어느 큰 제목의 밑에 있는 소제목인지를 매 슬라이드에서 쉽게 확인할 수 있도록 한다.

1-2. 행사개요

(1) 행사명
    – 국문: 2017 아 · 태컨벤션협의회 연차총회
    – 영문: The 2017 Annual Conference of Asia-Pacific Convention Council

(2) 기간: 2017년 9월 15일(목) – 9월 18일(일)

(3) 장소: Coex Convention Center

(4) 참가 인원: 약 2,000명
    – 내국인: 약 1,000명
    – 국외 참가자: 약 1,000명 (동반자 200명 포함)

(5) 참가 대상:
    – 컨벤션기관
    – 기업 대표
    – 교수

〈 Slide 〉

행사개요

(6) 프로그램
  − 공식프로그램
    · 환영연
    · 환송연
    · 개회식
    · 폐회식

  − 회의 · 전시 프로그램
    · 워크숍
    · 분과회의
    · 전시회

  − 사교행사 프로그램
    · 공식관광행사
    · 동반자행사 프로그램

(7) 공식언어: English
  공식언어에 대한 정보가 없더라도 아시아 태평양지역의 참가자가 공동으로 사용할 수 있는 언어를 고려한다.

  (예) 1) 영어
  (예) 2) 영어, 일본어, 중국어: 동시통역사를 각 언어별로 고용해야 되기 때문에 예산항목에 편성한다.

(8) 주최: 아 · 태컨벤션협의회

(9) 주관: PCO 이름을 시험 문제에서 조건으로 주지 않을 경우 본인의 영문 Initial로 회사명을 만든다.

  (예) 1) (주) 한라산 컨벤션 서비스
  (예) 2) (주) 남산 컨벤션 서비스

(10) 후원: 문화관광부 및 다국적 기업

〈 Slide 〉

3. 행사일정표

시 간	October, 14 (Fri)				
08:00					
09:00	On-site Registration	Concurrent Session	Exhibition (색상 차별화)	같은 시간대에 두 가지 행사가 동시 진행 (특히, 전시회)	
10:00					
11:00					
21:00					
22:00					

〈 Slide 〉

2. 세부계획

2-1 온라인 등록

기본 전략

2-1 온라인 등록

기본 전략
실행 전략
업무 순서도: 시간의 흐름에 따른 역할과 업무 내용
온라인 등록 Flow: 입체적인 그림

2-2 예산

기본 전략
실행 전략

업무 순서도: 시간의 흐름에 따른 역할과 업무 내용

예산관리 Flow: 입체적인 그림

예산 문제는 채점관이 금액과 합계 등을 일일이 확인할 수 없다. 따라서 예산 항목의 금액 보다 예산 항목과 편성이 더욱 중요하다.

Excel로 완성한 수입지출총괄표: Excel로 만든 후 Powerpoint로 붙여넣기 한다.

수입과 지출을 요약해서 하나의 슬라이드에 작성

수입			지출		
구분	항 목	금 액	구분	항 목	금 액
1	등록비	628,000,000	1	조직위 운영비	34,200,000
2	전시 수입	600,000,000	2	학술 분과	36,080,000
3	후원금	200,000,000	3	출판 분과	56,870,000
4	회의자료 판매	72,000,000	4	현장 분과	404,854,100
			5	등록 분과	62,495,000
			6	홍보 분과	58,520,000
			7	수송 분과	48,000,000
			8	관광 분과	32,020,000
			9	PCO 인건비	54,000,000
			10	일반관리비 (1-9 합계의 5%)	39,351,955
			11	기업이윤 (1-10 합계의 10%)	82,639,106
			12	예비비 (1-11 합계의 10%)	90,903,016
합 계		1,500,000,000	합 계		999,933,177

분과위원회는 참가자의 이동순서로 해도 상관없다.

등록, 수송, 학술, 출판, 관광, 홍보

Excel로 완성한 수입내역표

〈 Case 1 〉

NO	항목	세부항목	예산					소계	비고
			단가	수량		단위/기간	금액		
1	등록비	1) 일반등록-국내	100,000	1,000	명	1 원	100,000,000	628,000,000	
		2) 일반등록-외국	500	800	명	1,200 원	480,000,000		
		3) 동반자	200	200	명	1,200 원	48,000,000		
2	회의자료 판매	자료판매수입	40,000	1,800	부		72,000,000	72,000,000	
3	전시 수입	전시부스 판매	6,000,000	100	부스	1 부스	600,000,000	600,000,000	
4	후원금	문화관광체육부	200,000,000	1	전체	1 전체	200,000,000	200,000,000	
총계								1,500,000,000	

〈 Case 2 〉

NO	항목	세부항목	예산					소계	비고
			단가	수량	단위/기간		금액		
1	등록비	1) 일반등록-국내	100,000	1,000 명	1	원	100,000,000	628,000,000	
		2) 일반등록-외국	500	800 명	1,200	원	480,000,000		
		3) 동반자	200	200 명	1,200	원	48,000,000		
3	전시 수입	전시부스 판매	6,720,000	100 부스	1	부스	672,000,000	672,000,000	
4	후원금	문화관광체육부	200,000,000	1 전체	1	전체	200,000,000	200,000,000	
	총계							1,500,000,000	

Excel로 완성한 지출세부내역표

〈 지출세부내역표 〉

지출세부내역 정리 방법

1. 지출세부내역은 각 분과위원회별로 편성한다.
2. 각 분과위원회별 역할에서 상품과 서비스에 관련된 내용은 모두 비용으로 정리한다.

조직위원회 운영비

· 조직위원회 회의비

· 조직위원회 숙박비

· 조직위원회 식비

· 현장 경비

학술분과위원회 예산

· 학술분과위원회 회의비

· 초청연사 항공비

· 초청연사 숙박비

· 초청연사 강연료

출판분과위원회 예산

회원에게 제공하는 모든 인쇄물의 비용을 계산한다.

· 1차 안내서 (First Circular) 제작비

· 2차 안내서 제작비

· Preliminary program

· Final program

· Proceedings (회의자료)

- 봉투 (소봉투, 대봉투)
- 편지지
- 이름표 (Name tag)
- 초청장 제작비
- 초청장 발송비

현장분과위원회 예산

- 회의장 사용료
- 식음료비(Welcome reception, Korea Night, Farewell party, Lunch, Coffee break)
- 공연비
- 기자재 임대비 (Beam project, 노트북, 복사기, Poster panel 제작 (Poster session), Lan·
  설치비, 무전기, 녹음·녹화용 기자재 및 테이프 등)
- 안내물 제작 (현수막, Sign board, Backdrop 등)
- 동시통역비

총무분과위원회 예산

- 인건비 (행사진행요원, 사무국 직원 임금 등)

등록분과위원회 예산

- 등록시스템 구축 (등록시스템 사용료)
- 현장등록 요원 인건비
- Congress kit 제작비
- 기념품
- 이름표 Case
- 등록부스 제작비
- 기자재 임대비 (노트북, 프린트, 레미레이터 등)

홍보분과위원회 예산

- 홈페이지 제작 (온라인 등록)
- 홈페이지 유지·관리비
- 우편발송비 (1차 안내서, 2차 안내서 등)
- 광고·홍보비 (인쇄매체, 관련 학회지 광고 등)

수송분과위원회 예산
· 공항-호텔 (입국과 출국 2회 계산)
· 호텔-회의장 또는 사교행사장 (Welcome reception, Farewell party가 다른 장소인 경우)
· 호텔-동반자행사

관광분과위원회 예산
공식관광행사 참가인원은 회의 참가자와 동반자 모두 포함
· 수송비
· 관광가이드비
· 관광비 (입장료, 식사비 등)
· 동반자 행사 수송비
· 동반자 행사 가이드비
· 동반자 행사비 (식사비 등)

PCO 용역비
· 전체 예산의 10%
· 행사기획 · 운영비
· 인건비 (인건비를 총무분과 등록분과 등에 별도로 계산할 수도 있다. 별도 계산하면 PCO의 수익은 그 만큼 증가하는 셈이다.)

예비비
PCO용역비까지 포함한 전체 예산의 10% 범위

부가가치세
모든 비용의 10%로 책정

〈 마지막 Slide 〉

성공적인 회의 운영을 위한 PCO의 각오 및 메시지
예 성공적인 회의 운영은 현장 경험이 풍부한 HGD PCO와 함께!

문제 4

다음의 회의취지와 제시된 조건을 활용하여 해당 사항에 대한 컨벤션기획서를 작성하시오.
(단, 기획서는 파워포인트 20매 내외로 작성)

☞ 회의 취지

한국 컨벤션산업의 국가 경쟁력 제고 방안을 논의하기 위한 국제회의 개최

☞ 조 건
· 행사명: 제25차 컨벤션 학술대회
· 기간: 2017년 9월 15일 (목) – 9월 18일(일)
· 장소: 코엑스
· 주최: 가칭 아 · 태컨벤션학회
· 후원: 문화관광부 및 다국적 기업
· 참가 대상: 컨벤션기관, 기업 대표 및 교수
  (내국인 1,000명, 외국인 800명, 동반자 200명)
· 등록비: 내국인 10만원, 외국인 500 USD, 동반자 200 USD
· 주요행사: 개회식, 폐회식, 환영연, 한국의 밤, 환송연, 전시회 3일, 워크샵 8회, 분과회의 2회,
  공식관광, 동반자 프로그램, 커피 브레이크 5회
· 예산 조건: 총 예산 15억, 정부지원 2억
· 기타: 본부 직원 20명, 초청연사 50명, 임시직원 00명 (구체적인 단위없이 00명으로만 문제에
  제시)

컨벤션 기획서는 다음과 같은 사항만을 포함하여 작성하도록 한다.

1. 행사개요
2. 온라인 논문 접수
3. 회의 세부 계획

문제 4 문제풀이

문제 3과 거의 동일하면서 예산 계획 대신에 회의 세부 계획으로 변경되었다.

회 의
· 기본 전략
· 실행 전략
· 업무 순서도: 시간의 흐름에 따른 역할과 업무 내용
· 회의장 Floor plan: 입체적인 그림
· 필요 기자재 목록

〈 Slide 〉

기본 전략
· 효율적 회의진행 기획
· 능률적 연사 · 참가자 동선 구성
· 필요 기자재 확보
· 진행요원 전문교육

〈 Slide 〉

실행 전략

효율적인 논문관리:
· 논문 접수 방법 결정
· Online을 통한 초록.논문 접수 및 심사과정의 One-stop 서비스
· 논문 접수
· 논문 심사
· 논문 심사 결과 통보
· 발표 일정 개인별 통보
· 초청연사 및 Guest speaker 관리

초청연사 관리
· 초청연사 후보자 심사

· 초청연사 조건 협의
· 초청연사 결정
· 초청장 발송
· 수락 여부 확인
· 초청연사 항공 · 영접 · 숙박 · 수송 관리
· 초청연사 동선 확인

최적의 회의장 구성

· 회의 규모와 성격에 맞는 회의장 선정
· Preview room, Session room 준비
· 회의 규모 및 성격에 맞는 음향시설 및 A/V 기자재 준비

Session chairperson(좌장) 관리

· 좌장 대상자 결정
· 좌장 요청 서신 발송
· 좌장 결정
· 좌장에게 일정 통보
· 좌장에게 회의관련 자료 발송
· 좌장 동선 확인

전문인력 배치

· 기자재 Technician 상주
· 진행요원과 Technician간의 원활한 커뮤니케이션 구축

연사 / 참가자 편의 도모

· 연사가 발표하는데 불편함이 없도록 배려
· 연사와 참가자 동선 배치
· 회의장 인근 참가자 편의시설 배치

◎ 문제 5 ▮

다음에서 제시된 조건을 활용하여 해당 사항에 대한 컨벤션기획서를 작성하시오.
(기획서는 파워포인트 20페이지 내외로 작성)

· 행사명: 제22차 국제문화예술 심포지움
· 주최: 한국문화예술협회
· 주관: (주) 가나다 컨벤션
· 개최 장소: Bexco
· 참가 규모: 내국인 500명, 외국인 500명
· 개최 기간: 2017년 10월 16일~18일
· 행사 참석자: 협회 회원 및 비회원, 예술분야 종사자, 연구소, 공무원, 대학원생, 관련 업체
  및 동반자.

· 개최의의: 인적 및 문화적 교류를 통해서 한국예술 문화 협회의 위상강화와 회원들간의 교류
  의 장
· 주요 행사: 개회식, 폐회식, 기조연설, 환영연 환송연, 비즈니스 포럼, 포스터발표, 컨퍼런스
  1 전문가 논문발표, 컨퍼런스 2 대학원생 논문발표, 특별강연, 세미나, 기자간담회 등
· 첫째 날에는 이사회, 협회 회원들만 참석하는 세미나
· 환영연: 벡스코 컨벤션 홀
· 환송연: 해안호텔 컨벤션 홀
· 예술인의 밤: 초청인만 참석 가능

☞ 기본계획

1. 개요
2. 행사일정표

☞ 세부운영계획

1. 학술(등록 포함)
2. 홍보
3. 의전(영접, 영송 포함)

문제 5 문제풀이

〈 Slide 〉

표지

제22차 국제문화예술 심포지움
(The 22nd Symposium for International Cultures and Arts)

2017년 10월 16일~10월 18일
(주)가나다 컨벤션

〈 Slide 〉

목차
  1. 기본 계획
    1) 행사 개요
    2) 행사 일정표

  2. 세부 운영계획
    1) 학술
    2) 홍보
    3) 의전

〈 Slide 〉

행사 목표

· 심포지움 성공적 개최
· 국제문화 교류
· 한국의 국제 무대 위상 강화
· 회원간 교류 확대

〈 Slide 〉

기본계획

행사 개요

· 행사명: 제22차 국제문화예술 심포지움
· 기 간: 2017.10.16~10.18
· 장 소: 부산 Bexco
· 참가자: 약 1천명 (내국인 500명, 외국인 500명)
· 공식언어: 영어, 한국어
· 주 최: 한국문화예술협회
· 주 관: (주)가나다 컨벤션

〈 Slide 〉

행사 일정표 (엑셀로 완성)

〈 Slide 〉

회의 컨셉

· 문화 교류의 장
· 예술 교류의 장
· 회원간 유대강화의 장

〈 Slide 〉

회의 등록 컨셉

· 신속성
· 편리성
· 효율성

등록 종류별 준비사항

· 사전등록: 온라인

· 현장등록: 등록 데스크 셋업

〈 Slide 〉

회의 운영별 준비사항

· 회의자료

· 회의장 셋업

· 사회자 섭외

〈 Slide 〉

홍보 컨셉

· 한국의 대외 인지도 향상

· 참여율 향상

· 회의 개최 정보 전달

〈 Slide 〉

매체별 홍보방법

· 방송매체

· 인쇄매체

· 온라인 매체

〈 Slide 〉

기간별 홍보전략

〈 Slide 〉

의전 컨셉
· 정확성
· 안전성
· 효율성

〈 Slide 〉

수송수단별 의전
장소별 의전

8 | 기획서 문제유형별 답안 샘플

▌ 문제 1 ▌

다음의 회의 취지와 제시된 조건을 활용하여 해당 사하에 대한 컨벤션기획서를 작성하시오. (기획서는 파워포인트 20 페이지 내외로 한다.)

☞ 회의 취지

한국의학계는 연구와 치료의 국제화를 기하고 제약업계를 비롯한 산학협조를 기하여 세계 시장에 발돋음하기 위해 국제회의를 개최하여 세계 각국의 의학자 및 연구 기관들과 도약을 위한 교류의 장을 열고자 합니다.

☞ 조건

대한의학회에서는 2017년 9월 6일(수)부터 9월 9일(토)까지 4일간 제25차 국제의학연구학회 연차총회를 제주 국제컨벤션센터에서 개최하고자 한다.
대한의학회에서 주최하며, 주관 PCO사로는 (주)한라산컨벤션서비스를 선정하였다.
본 대회에서 각국의 의학연구학회 회원은 물론 비회원 및 각 연구소의 연구원, 레지던트와 동반자들이 참가한다.

회의 공용어는 영어로 하며, 내국인 400명, 외국인 600명이 참석할 예정으로, 회의실은 탐라홀, 한라홀을 비롯한 대소회의장을 사용할 것이다.
주요 행사내용으로는 개·폐회식 3회의 특별 강연, 심포지움 및 자유연제 발표, 포스터 발표 및 상업전시회, 환영연, 한국의 밤, 환송연 등이 포함된다.

☞ 참고사항

본 행사의 환영연은 ICC의 이어도 플라자, 한국의 밤은 제주 롯데호텔, 환송연은 제주신라호텔의 야외 연회장에서 개최하며 등록비에 포함되어 있다.
관광은 선택관광이며 참가자 부담이다. 첫날에는 Workshop이 있다.

컨벤션기획서는 다음의 사항만을 포함하여 작성하도록 한다.

1. 기본계획
   1) 행사개요
   2) 행사 일정표 (표로 작성)

2. 세부 운영계획
   1) 회의
   2) 관광
   3) 폐회식

▌ 문제 1의 문제풀이 샘플 1 ▌

제 25차 국제의학 연구협회 연차총회
(The 25th Annual Meeting of
International Medical Studies Association)

2017. 09. 06 ～ 09. 09

㈜한라산 컨벤션 서비스

목 차

Ⅰ. 행사개요 및 구성

1. 행사개요
2. 일정표

Ⅱ. 부분별 실행 계획

1. 학술회의
2. 관광
3. 폐회식

1-1. 행사 개요

■ 행사 취지 및 의의

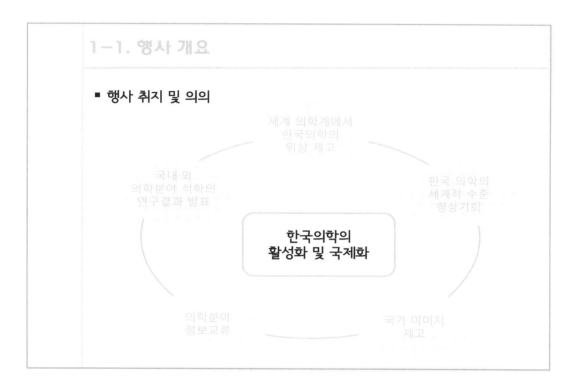

1-1. 행사개요

■ 행사 개요

1) 회 의 명 : 제25차 국제의학 연구협회 연차총회
(The 25th Annual Meeting of
International Medical Studies Association)

2) 개 최 기 간 : 2017년 9월 6일(수) ~ 9월 9일(토)

3) 개 최 장 소 : 제주컨벤션센터(ICCJEJU)

4) 참 가 규 모 : 약 1,000명 (내국인 400명, 외국인 600명)
- 국제의학연구학회 회원 및 비회원
- 연구소의 연구원, 레지던트 등

5) 주   최 : 대한의학회

6) 주   관 : ㈜한라산 컨벤션 서비스

7) 공 식 언 어 : 영어, 일본어, 중국어 (한국어 동시통역)

8) 후   원 : 보건복지부, 제주도

1-2. 일정표

시간	9월 6일(수)	9월 7일(목)		9월 8일(금)		9월 9일(토)
8:00	Registration	Breakfast		Breakfast		Breakfast
9:00	Registration	Special Lecture 1		Sympositum		Special Lecture 3
10:00		Special Lecture 1		Sympositum		Closing Cession
11:00	Opening Cession			Special Lecture 2		
12:00	Luncheon	Luncheon		Luncheon		Post-Meeting Tour
13:00						
14:00	Forum	Breakout Session	Poster Session	Breakout Session	전시회	
15:30	Coffee Break	Coffee Break		Coffee break		
16:00	Workshop	Session (Continued)		Session (Continued)		
17:00						
18:00	Welcome Banquet	Korea Night		Farewell Banquet		Transportation to Airport
19:00						
20:00						

2-1. 학술회의

■ 기본 컨셉

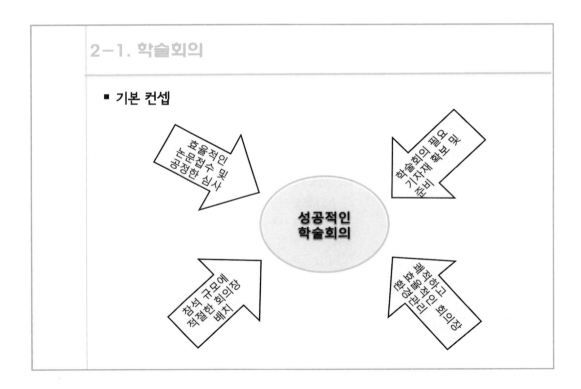

2-1. 회의

■ 회의 컨셉

1	신속하고 효율적인 논문발표자 관리
2	회의 특성, 참가자, 규모에 맞는 회의장 선정
3	원활한 회의 진행을 위한 진행요원 교육
4	회의 주제에 맞는 심도 있는 프로그램 구성
5	연사와의 긴밀한 연락 유지

2-1. 학술회의

■ 학술회의 Flow Chart

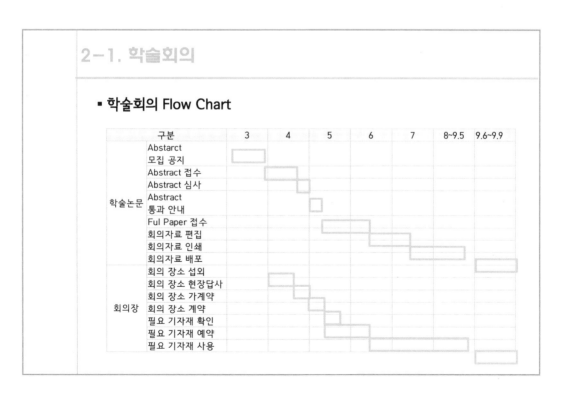

구분		3	4	5	6	7	8~9.5	9.6~9.9
학술논문	Abstarct 모집 공지							
	Abstract 접수							
	Abstract 심사							
	Abstract 통과 안내							
	Ful Paper 접수							
	회의자료 편집							
	회의자료 인쇄							
	회의자료 배포							
회의장	회의 장소 섭외							
	회의 장소 현장답사							
	회의 장소 가계약							
	회의 장소 계약							
	필요 기자재 확인							
	필요 기자재 예약							
	필요 기자재 사용							

2-1. 학술회의

	일시	장소	필요 기자재
Opening Session	6일 11:00 ~ 12:00		
Forum	6일 14:00 ~ 15:00		
Special Lecture	7일 9:00 ~ 12:00 8일 11:00 ~12:00 9일 9:00 ~ 10:00	2층 한라홀	√노트북 √프로젝터 √연단프로젝터 √마이크 √음향장비 √스크린 포인터
Workshop	6일 16:00 ~ 17:00		
Symposium	8일 9:00 ~ 11:00		
Closing Cession	9일 10:00 ~ 11:00		
Breakout Session	7일~8일	3층 각각 소회의실	
Poster Session	7일 14:00~ 17:00	1층 탐라홀	√포스터 준비 및 배치
Exhibition	8일 14:00 ~ 17:00	대회의장	√전시장 부스 Installation

2-1. 학술회의

- 회의장 Floor Plan

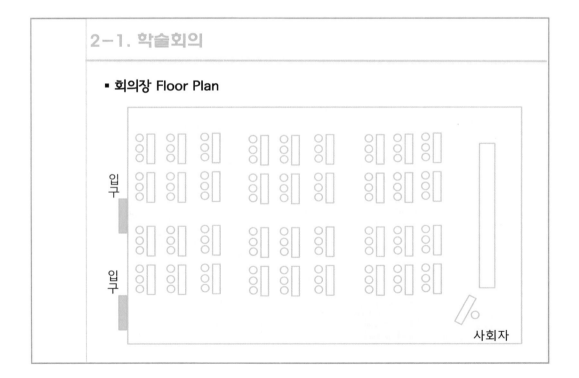

2-1. 학술회의

- **Poster Session Floor Plan**

회의장 (회의장의 입구 부분)

Poster 배치   회의장 입구

2-2. 관광

- **공식관광 컨셉**

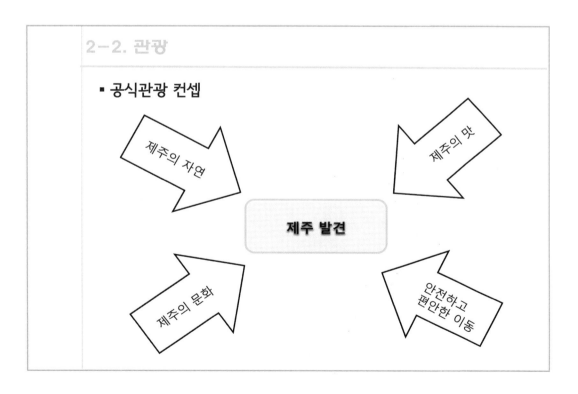

2-2. 관광

▪ **관광 기본 계획**

구분	선택관광	비고
일시	2017년 9월 9일(토)	선택 관광
대상	관광 선택 참가자	
비용	참가자 부담	간식 제공
장소선정	제주도의 문화, 역사, 음식	성산일출봉 정방폭포 섭지코지 등
인원	최소 10명 이상	
차량	25인승 버스 준비	
관광 가이드	제주도 관광 전문 가이드	영어 통역 가능

2-2. 관광

▪ **관광 일정**

시간	장소	비고
11:00~11:30	Hotel Check Out 차량 탑승	Check Out 후 Hotel 로비 및 탑승 장소에 집결
11:30~12:00	이동	
12:00~13:00	Lunch	
13:00~14:30	성산일출봉	
14:30~16:00	정방폭포	
16:00~17:00	섭지코지	
17:00~18:00	공항 이동	

2-2. 관광

▪ Flow Chart

	3.1 ~ 5.30	6.1 ~ 6.30	7.1 ~ 8.30	회의 기간
여행사 Quotation 문의	▭			
여행사 Quotation 평가		▭		
현지 답사			▭	
계약 체결			▭	
일기 예보 확인 및 관광				▭
관광 만족도 조사				▯

2-3. 폐회식

▪ **폐회식 컨셉**

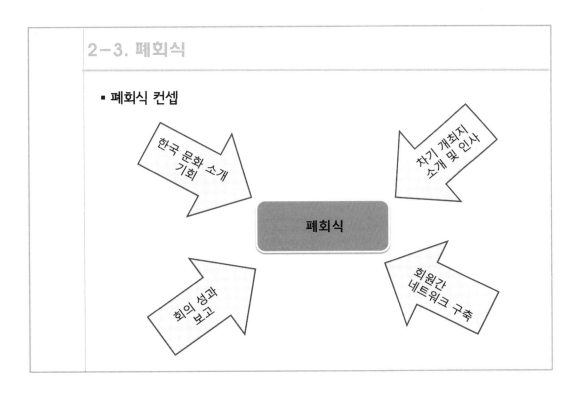

2-3. 폐회식

■ 폐회식 개요

일시	2017년 9월 9일(토) 12:00
장소	제주 ICC 1층 탐라홀
규모	약 1,000명 -내국인: 약 400명 -외국인:약 600명
자격	외빈 초청자, 국제회의 참가자
내용	국제회의 정리, 감사장 수여 차기 국제회의 개최국가의 인사말

2-3. 폐회식

■ Flow Chart

	3.1 ~ 5.30	6.1 ~ 6.30	7.1 ~ 8.30	회의 기간
폐회식 장소 섭외	▭			
폐회식 장소 현지답사	▭			
가계약		▭		
본계약 체결		▭		
폐회식 공연팀 섭외			▭	
공연팀 계약			▭	
폐회식 Set Up 요청			▭	
폐회식 진행				▭

2-3. 폐회식

▪ 폐회식 Floor Plan

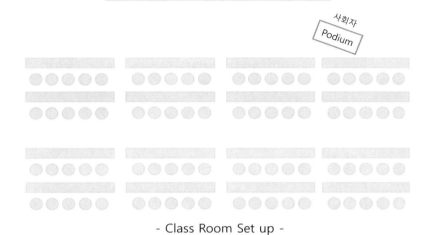

- Class Room Set up -

2-3. 폐회식

▪ 폐회식 식순

시간	내용	비고
09:00 ~09:50	· Staff 정위치 · 폐회식 음향 시설 재확인 · 사회자 확인 · 동시통역사 대기 확인 · 행사장 배경음악 확인	· 소요시간 미리 파악 · 음악 체크 · 대본 미리 확인
9:50 ~10:00	· 참가자 입장 · 사회자 입장 · 참가자 소개 및 착석 유도	· 안내요원의 좌석 인도 · 폐회식 순서 배포
10:00 ~10:20	· 송별사 - 감사패 및 상장 수여식	· 상장 및 기념품 준비
10:30 ~11:00	· 차기 회의 개최국의 인사말 · 차기 회의 홍보 비디오 상영 · 폐회사	· 홍보 비디오 확인

| 문제 1의 문제풀이 샘플 2 |

제 25차 국제 의학 연구학회 연차 총회
The 25th Annual Conference of International Medical Association

2017. 09. 06 ~ 09. 09

㈜ 한라산 컨벤션 서비스

목차

1. 기본계획

   1-1. 행사개요
   1-2. 행사일정표

2. 세부계획

   2-1. 회의
   2-2. 관광
   2-3. 사교 행사 및 폐회식

1-1. 행사 개요

► **행사 의의**

연구와 치료의
국제화

제약업계를
비롯한 산학협조

세계 각국
의학자 및 연구 기관
교류의 장

한국 의학계의 활성화 및 국제화

1-2. 행사개요

► **행사 개요**
1) 회 의 명 : 제 25차 국제의학 연구학회 연차총회
The 25th Annual Conference of International
Medical Association
2) 개 최 기 간 : 2017. 09. 06 ~ 09. 09
3) 개 최 장 소 : 제주 ICC, 한국
4) 참 가 규 모 : 약 1000명 (외국인 600명, 내국인 400명)
- 의학연구 학회
- 각 연구소의 연구원
- 레지던트
5) 주 최 : 대한의학회
6) 주 관 : ㈜한라산컨벤션 서비스
7) 공 식 언 어 : 영어
8) 홈 페 이 지 : www.koreamedical.or

1-2. 행사일정표

► 전체 일정

	9.6		9.7		9.8		9.9
08:00~09:00	공항 영접 및 등록	포스터발표 및 전시회	조찬	포스터발표 및 전시회	조찬	포스터발표 및 전시회	조찬
09:00~10:00			개회식		워크샵 3		특별강연_3
10:00~11:00	개회식		워크샵 2		포럼		폐회식
11:00~12:00							
12:00~13:00	오찬		오찬		오찬		
13:00~14:00	총회		특별강연_1		특별강연_2		공식관광
14:00~15:00							
15:00~16:00							
16:00~17:00	워크샵 1		심포지엄		자유연제발표		
17:00~18:00							
18:00~19:00	환영연		만찬		한국의 밤		
19:00~20:00							

2-1. 회의

• 회의 기본방향

전문인력 배치 　담당자 선정 및 진행 요원 사전교육

최적의 회의장 　회의장 기자재 사전 점검 진행

논문관리 　발표논문의 효율적인 접수와 관리

참가자 편의 　참가자 이동 동선을 고려한 Floor Plan

회의 진행의 효율성 향상

2-1. 회의

• 회의 업무 진행 일정

	구분	4	5	6	7	8	9.1~9.5	9.6~9.9
논문	초록 접수 안내	▭						
	초록 접수	▭						
	초록 심사	▭						
	Full Paper 접수			▭				
	논문발표집 제작				▭			
	논문발표집 배포							▭
	회의 진행							▭
포스터 논문	포스터 논문 접수 안내	▭						
	포스터 논문 접수		▭					
	포스터 논문 심사		▭					
	포스터 제작						▭	
	포스터 논문 전시							▭
회의 기자재	필요 기자재 문의			▭				
	필요 기자재 상태 점검					▭		
	필요 기자재 예약						▭	
	기자재 사용							▭
등록	등록 안내	▭						
	사전 등록 접수		▭					
	사전 등록 확인 E mail		▭					

2-1. 회의

• 회의 프로세스

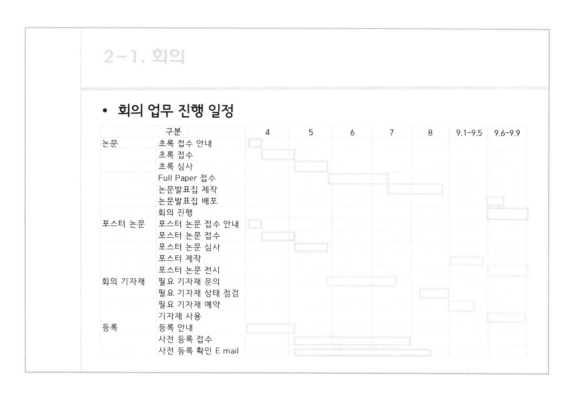

① 회의 분과위원회 구성
- 프로그램 구성
- 회의진행 포맷 구성
- 준비진행 일정 결정
- 회의주제 및 부제 결정
- 논문 접수 일정 결정

② 연사초청
- 선정된 발표자, 토론자에게 초청장 발송
- 초청 조건 협의, 확정
- 연사별 논문, 프로필 접수
- 호텔, 항공권, 개인일정 확인

④ 진행 사전준비
- 회의진행 기본계획 수립
- 통역사 진행자 선발 & 교육
- 회의장 설치 계획 수립
- 회의진행 시나리오 작성

③ 프로그램 구성 관리
- 논문 접수 마감
- 회의 스케줄 확정 & 통보
- 발표장비 확인
- 토론자, 사회자에게 논문회람

2-1. 회의

• 회의 개요

항목	내용	비고
회의주제	연구와 치료의 국제화	-
회의장소	탐라홀, 한라홀, 대소 회의장	상황에 따라 변경가능
참가대상	의학연구학회 회원 및 비회원 연구소의 연구원 레지던트	-
참가인원	약 1000명 (내국인 400명, 외국인 600명)	-
회의구성	개회식 및 폐회식 특별강연 (3회) 심포지엄 (1회) 워크샵 (3회) 자유연제 발표 포스터 발표 전시회	Poster Session용 Poster 사전 제작
공식언어	영어 (동시통역 진행)	통역 부스 확보

2-1. 회의

• 회의장 운영계획

회의장	일시	장소	Set Up	인력배치	기자재
개회식	9월 7일 (10:00 ~12:00)	한라홀	연회식	진행요원 8명 Technician 4명	노트북, 프로젝터, 인터넷, 마이크, 음향장치, 무전기, 스크린,
폐회식	9월 9일 (11:00 ~ 13:00	한라홀	연회식	진행요원 8명 Technician 4명	
특별강연 1	9월 7일 (13:00 ~15:00)	한라홀	극장식	진행요원 4명 Technician 2명	
특별강연 2	9월 8일 (13:00 ~ 15:00)	한라홀	극장식	진행요원 4명 Technician 2명	
특별강연 3	9월 9일 (09:00 ~ 11:00)	한라홀	긍장식	진행요원 4명 Technician 2명	
심포지엄	9월 7일 (15:00 ~18:00)	탐라홀	교실식	진행요원 8명 Technician 4명	
자유연제 발표	9월 8일 (15:00 ~18:00)	탐라홀	교실식	진행요원 4명 Technician 2명	
포스터 세션 / 전시회	상시	전시홀		안내접수 요원 4명	포스터 패널

2-1. 회의

• **회의 운영계획**

사전 준비 단계
- √. 발표자, 토론자와의 원활한 커뮤니케이션
- √. 국내외 연사들과의 지속적인 커뮤니케이션 및 업무 Follow-up
- √. 현장 필요 기자재 List-up & 사전 확보

현장 준비 단계
- √. 회의에 필요한 시스템과 물품 점검
- √. 원활한 통역을 위하여 발표자와 통역자간 pre-meeting 진행
- √. 예측 가능한 비상상황에 대한 시뮬레이션 및 해결책 준비

현장 운영 단계
- √. 기자재 오작동에 대비한 전문 Technician 상주
- √. 신속한 의사 전달 시스템 확립
- √. 숙련된 운영요원 배치로 돌발상황 발생 시 신속 대처

2-1. 회의

• **현장 운영계획**

| 회의
시작 전 | √. 회의장 세팅 확인 √. 참가자 안내
√. 진행요원 배치
√. 연사 발표 자료 세팅
√. 연사와 통역사간 pre-meeting 진행 |

| 회의
진행 중 | √. 동시통역 운영
√. 장내 정리정돈 및 청결유지 √. 커피 브레이크 운영
√. 시스템 오작동 대비 √. 중계 시스템 운영
√. 연사발표 지원 |

| 회의
종료 후 | √. 회의 결과물 취합
√. 회의 진행 후 결과 보고 |

2-1. 회의

- **회의 참가를 위한 홍보**

국제의학 연구학회
성공개최

행사에 대한 인지도 제고

참가자들에게 명확한 참여동기 부여

타겟층을 대상으로 효율적 홍보진행

다양한 홍보 매체 활용

2-1. 회의

- **회의 홍보 운영계획**

사전 준비 단계
- √. 홍보 기본 계획 수립
- √. 보도자료 작성 및 배포
- √. 홍보 매체 섭외 및 선정
- √. 브로셔 제작 및 발송
- √. 홍보 배너 제작

현장 운영 단계
- √. 유도 사인물, 조형물 설치
- √. 현장 스케치 영상 및 사진 촬영
- √. 행사 기간 중 학회 진행 관련 Daily News를 게시판에 공고

사후 홍보 단계
- √. 성공개최 결과보고
- √. 행사 성과 보도
- √. 홍보자료 제작

2-2. 관광

- **공식관광 기본방향**

제주 해외 홍보

국제 교류
기회 활용

한국 문화
체험의 기회

1　흥미로운 관광 프로그램 구성으로 참여유도

2　참가자간 교류를 할 수 있는 프로그램 구성

3　참가자들의 안전을 최우선으로 진행

2-2. 관광

- **공식관광 개요**

√ 관광 안내데스크 운영
  - 9월 6일 08:00 ~ 17:00 (운영요원 1명)
  - 9월 9일 ~ 9월 9일 : 등록 데스크에서 관광 업무 병행

√ 각 관광 코스 안내 브로셔 준비

√ 제주 대중교통 안내 브로셔 준비

2-2. 관광

• **공식관광 Flow Chart**

온라인 등록자	예약 신청	확약	정보확인 및 관리	예약 확인
	온라인 등록 시 신청	참가자 E-mail로 예약 확인서 발송	변경사항 관리	관광 분과에 예약자 명단 전달

On-site 등록자	예약 신청	예약 진행
	On-site 등록 데스크에서 신청	참가자 확인 후 관광분과에 전달

2-2. 관광

• **공식관광 업무 흐름도**

기본 계획 수립	- 여행사 선정 - 관광 프로그램 구성계획 - 수송계획 수립 - 사전등록
프로그램별 코스 선정	- 다양한 관광코스 선택 - 코스별 참가자들을 위한 보험 선택 - 관광프로그램 참가비 결정 - 진행 요원 선정 및 교육 진행
프로그램 운영	- 수송차량 운행 - 관광 진행요원 배치 - 관광 안내데스크 운영

2-2. 관광

● 공식관광 프로그램

총회 참석자들에게 국제 도시로서의 제주를 알릴 수 있도록 구성

√. 시티투어 비용은 등록비에 포함되지 않으며 진행 시 신청자에 한해 영어 통역 제공 (영어 통역 신청은 등록 데스크에서 신청가능)
√. 관광 코스는 등록 시 선택이 가능하나, 코스별 최대 인원이 한정되어 있으므로 조기 마감 될 수 있음

관광 코스	소요시간	관광 내용
A	4시간	제주 시티 투어 버스 코스 A
B	4시간	제주 시티 투어 버스 코스 B
C	2시간	제주 시티 투어 버스 코스 C
D	2시간	제주 시티 투어 버스 코스 D

2-2. 관광

● 동반자 관광 프로그램

한국 전통 문화를 체험할 수 있는 프로그램으로 구성

√. 등록비에 포함되지 않으며 신청자에 한해 진행
√. 각 코스별로 금액이 상이하며 모두 선택 가능
√. 각 코스 종료 시 한국 전통 소품을 기념품으로 증정
 (복주머니, 부채, 자개 손거울, 탈 열쇠고리, 전통문양 책갈피)

관광 코스	날짜	관광 내용
A	9/6(목)	민속촌 (한국 전통 놀이 체험)
B	9/7 (금)	한국 전통 의상 & 다도 체험
C	9/8 (토)	한라산 & 성산 일출봉
D	9/9 (일)	국악, 전통악기 체험

2-3. 폐회식

• 행사 기본 방향

전통음악	전통의상
한국 고유의 음악과 춤을 통해서 한국문화를 알림	패션쇼를 통해 전통의상의 아름다움을 소개

Best of Korea

한류열풍의 선두주자 K-POP 무대	세계 1위 한국 B-Boying 팀의 공연
K-POP	B-boying

2-3. 폐회식

• 사교행사 개요

항목	시간 및 장소	주최	참석자
환영연	9월 6일 18:00~20:00 이어도 플라자 (ICC)	국제의학연구학회	학회 참석자
개회식	9월 7일 09:00~10:00 한라홀 (ICC)		
초청만찬	9월 7일 18:00~20:00 하얏트 리젠시 제주	B제약회사	초청 VIP
한국의 밤	9월 8일 18:00~20:00 제주 롯데호텔	D제약회사	학회 참석자
폐회식	9월 9일 17:00~18:00 한라홀 (ICC)	국제의학연구학회	
환송연	9월 9일 18:00~20:00 제주 신라호텔 야외 연회장	F제약회사	

2-3. 폐회식

- **폐회식 기본개요**

일 시 :	9월 9일 11:00 ~ 13:00
장 소 :	한라홀
참 석 대 상 :	회의 참가자 및 초청인사 (약 1000명)
공 식 언 어 :	영어, 한국어 (동시통역 제공)
식 순 :	환송사, 회의 결과 보고, 감사폐 수여 차기 개최지 환영사
폐 회 식 Set Up :	연회식
퍼 포 먼 스 :	한국 전통무용
후 원 :	제주도, 국내 제약회사

2-3. 폐회식

- **폐회식 운영방향**

1 주요인사 및 VIP에 대한 완벽한 의전 수행

2 한국의 대표적인 문화들을 알릴 수 있는 공연 준비

3 참석자들이 편안하게 즐길 수 있는 프로그램 구성

2-3. 폐회식

• 폐회식 흐름도

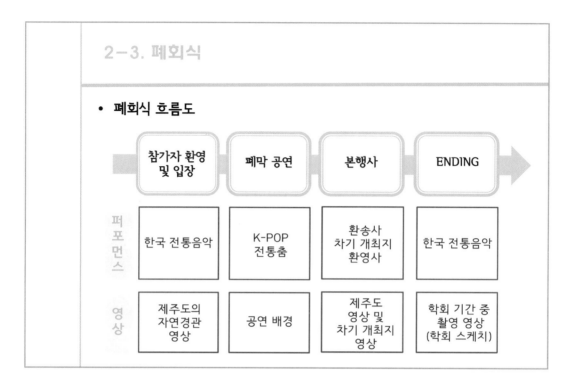

2-3. 폐회식

• 폐회식 Floor Plan

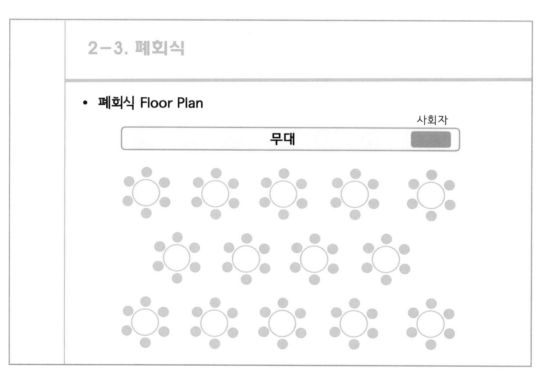

‖ 문제 1의 문제풀이 샘플 3 ‖

제 25차 국제의학연구학회
(The 25th Annual Conference of
International Medical Association)

2017. 09. 06 ～ 09. 09

㈜ 한라산 컨벤션 서비스

목 차

1. 기본계획

1-1 행사 개요
1-2 행사 일정표

2. 세부 운영계획

2-1 회의
2-2 관광
2-3 폐회식

1. 기본 계획

1-1 행사개요

a) 행사 의의

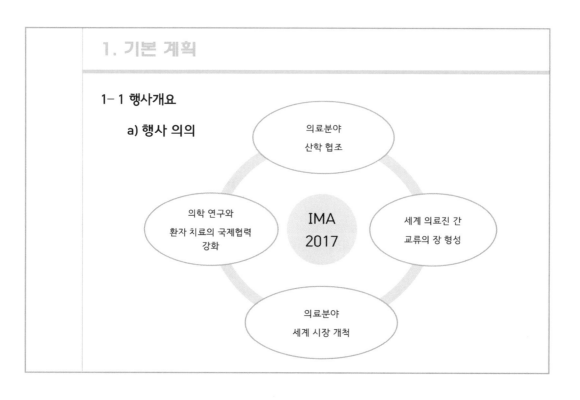

1. 기본 계획

1-1 행사 개요

b) 행사 컨셉트

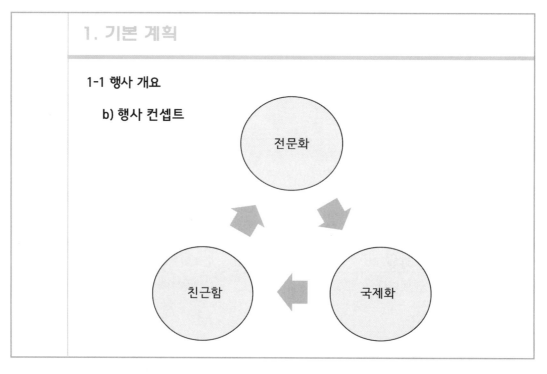

1. 기본 계획

1-1 행사 개요

C) 행사개요

- 회의 – 제25차 국제의학연구학회 연차총회
- 주최 – 대한의학회
- 주관 – ㈜ 한라산 컨벤션 서비스
- 일시 – 2017년 9월 6일(수)부터 9월 9일(토)까지
- 장소 – 제주 국제 컨벤션 센터
- 참가 대상 – 각국의 의학연구학회 회원은 물론 비회원 및 각 연구소의 연구원, 레지던트와 동반자
- 참가인원 – 내국인 400명, 외국인 600명
- 공식언어 – 영어
- 주요 행사내용 – 개,폐회식 3회의 특별 강연, 심포지움 및 자유연제 발표, 포스터 발표 및 상업전시회, 환영연, 한국의 밤, 환송연
- 홈페이지 – www.medical.com

1. 기본 계획

1-2 행사 일정표

시간	9월 6일(수)		9월 7일(목)	9월 8일(금)		9월 9일(토)	
08:00 - 09:00	On-site Registration						
09:00 - 10:00			포스터 발표	Session		폐회식	
10:00 - 11:00	개회식						
11:00 - 12:00						Hotel Check out	
12:00 - 13:00	오찬		오찬	오찬			
13:00 - 14:00							
14:00 - 15:00	특별강연		특별강연	전시	특별강연	전시	
15:00 - 16:00							
16:00 - 16:30	Coffee Break		Coffee Break		Coffee Break		투어
16:30 - 17:00		전시					
17:00 - 18:00	심포지움 및 자유연제 발표		심포지움 및 자유연제 발표		심포지움 및 자유연제 발표		
18:00 - 19:00							
19:00 - 20:00	환영연		한국의밤		환송연		
20:00 - 21:00							

2-1. 회의 세부 운영 계획

a) 기본 방향

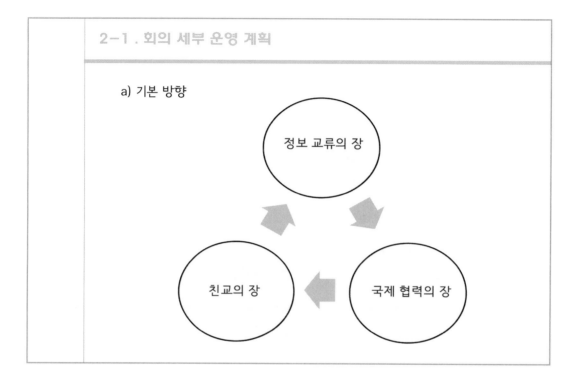

2-1 회의 세부 운영 계획

b) 업무 흐름도

	3월	4월	5월	6월	7월	8월	9월
논문 접수							
발표 논문 심사							
Full Paper 접수							
논문집 인쇄							
기자재 예약 및 준비							
회의 장소 섭외 및 계약							
최종 점검							
발표 진행							

2-1 회의 세부 운영 계획

c) Floor Plan

자유연제 발표

F5 | 탐라 홀
5층

F4

심포지움,
Session

F3 | 한라 홀
3층

F2

전시

F1 | 백록 홀 1층
(안내 및
등록 데스크)

2-1 회의 세부 운영 계획

C) Floor Plan

연

단

2-1 회의 세부 운영 계획

d) 회의장과 숙박호텔간 수송 계획

● VIP 수송 계획

운행구간	운행 간격	차량 등급
Main Hotel - Sub Hotel 1	회의 20분 전 Hotel 현관 대기	리무진
Main Hotel - Sub Hotel 2		
Main Hotel - Sub Hotel 3		

● 일반 참가자 수송 계획

운행구간	Shuttle Bus 운행 간격	버스 크기
Main Hotel - Sub Hotel 1	30 Minutes	45인승
Main Hotel - Sub Hotel 2	20 Minutes	45인승
Main Hotel - Sub Hotel 3	10 Minutes	25인승

2-2 관광 세부 운영 계획

a) 기본 방향

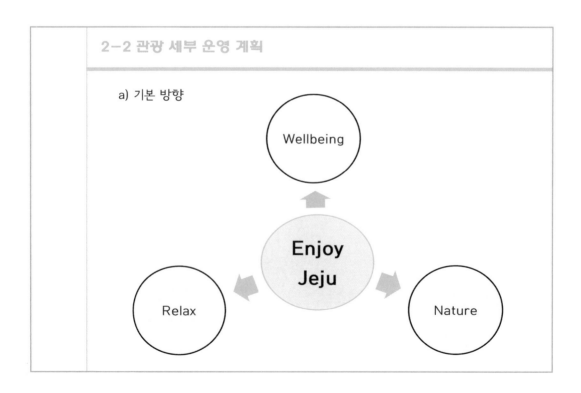

2-2 관광 세부 운영 계획

b) 관광행사 개요

일시	2017년 9월9일(토)
대상	참가 신청자
비용	참가자부담 (10만원)
수송	45인승 버스
수송 계획	메인호텔 집결 (14:00) 관광지에서 공항으로 이동(18:00)
가이드	영어 통역가이드
관광	Tour 1 천지연 폭포 (14:00 - 15:00) 오설록 Tea 뮤지엄 (15:00 - 17:00) Tour 2 성산일출봉 (14:00 - 16:00) 섭지코지 (16:00 - 17:00)

2-2 관광 세부 운영 계획

	6월	7월	8월	9월
관광 기본 계획 수립	▷			
장소 섭외 및 예약		▷		
차량 섭외		▷		
가이드 섭외		▷		
관광행사 참가자 신청 접수			▷	
관광 실행				▷
관광 만족도 조사				▷

2-2 폐회식 세부 운영 계획

a) 기본 방향

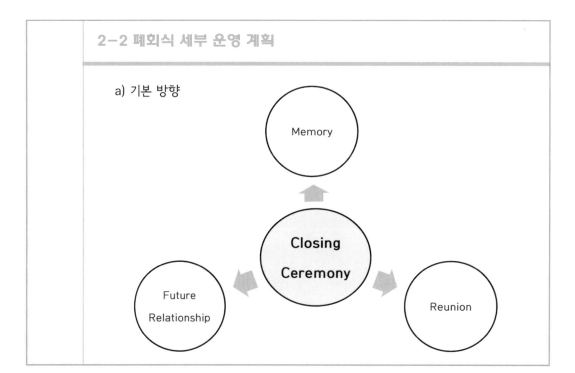

2-3 폐회식 세부 운영 계획

b) 폐회식 행사 개요

항목	내용
장소	제주 국제 컨벤션 센터 탐라홀 5층
일시	2017년 9월 9일 (토요일) 13:00 - 14:30
참가자	외빈 초청자 및 참가자 (약 1200명)
내용	• 폐회식 선언 • 외부인사 연설 • 공연 - 부채춤 • 사진 촬영

2. 폐회식 세부 운영 계획

c) Floor Plan

2-3 폐회식 세부 운영 계획

d) 폐회식장과 숙박호텔간 수송 계획

● VIP 수송 계획

운행구간	운행 간격	차량 등급
Main Hotel - Sub Hotel 1	폐회식장 이동 20분 전 Hotel 현관 대기	리무진
Main Hotel - Sub Hotel 2		
Main Hotel - Sub Hotel 3		

● 일반 참가자 수송 계획

운행구간	Shuttle Bus 운행 간격	버스 크기
Main Hotel - Sub Hotel 1	30 Minutes	45인승
Main Hotel - Sub Hotel 2	20 Minutes	45인승
Main Hotel - Sub Hotel 3	10 Minutes	25인승

2-3 폐회식 세부 운영 계획

e) 폐회식 진행 일정표

시간	내용
09:00 - 10:00	폐회식 초청 강연 환송사: 서울시장 주최측 감사장 수여 제26차 차기 국제회의 개최국 소개 인사
10:00 - 11:00	공연 관람 : 부채춤
11:00 - 12:00	호텔 Check out
12:00 - 12:20	Post-Conference Tour 차량 탑승

문제 2

21세기 다국적 시대를 맞아 각 국가는 물론이고 기업과 협회에서도 소속단체의 실리를 위한 회의에 큰 관심을 보이며, 국제회의의 전략적인 유치 및 개최 연건을 조성하고 있다.

이러한 추세에 우리나라는 국내의 PCO업계의 발전(목적)과 활성화(목적)를 도모코자, 국제적 PCO단체들과 상호교류의 장을 만들고자 한다.
(기획서는 파워포인트 20페이지 내외로 한다.)

☞ 조건

문화체육관광부에서는 2017년 10월 15일에서 17일동안 제10회 세계PCO협회 연차총회를 서울 코엑스에서 개최하려고 한다.
이번 행사는 문화관광부가 주최하지만 행사의 진행을 보다 원활하게 운영하기 위하여, PCO업체인 (주)남산컨벤션서비스를 주관사로 선정하였다.

본 행사의 참가대상은 세계PCO협회 회원 및 비회원사도 포함되며, 공식언어는 영어와 한국어로 병행 사용된다.
행사 소요 예산은 5억 내외로 하고, 내국인 300명, 외국인 700여명이 참석할 예정이며, 회의실은 코엑스에 있는 컨퍼런스룸과 오디토리움을 병행 사용할 수 있다.
해외에서 오늘 참가자들은 회의장 인근 코엑스 또는 그랜드 인터콘티넨탈호텔에서 체류하게 된다.
본 행사의 참가비는 회원사 $700, 비회원사 $800이며, 참가자에게는 공식 항공사인 한국항공을 이용시, First class & Business class - 40% D.C 및 Economy class - 60% D.C와 숙박호텔 특별요금 (1박 $120 : 봉사료, 세금 포함 / 회의기간 전·후 2일간 동일요금)을 적용받게 되고, 환영, 환송만찬과 동반자 행사에 무료로 참석할 수 있다.

☞ 참고사항

본 행사는 개최식과 총회, 분과회의 3회가 이틀 동안 열리며, Optional tour(참가자 부담)가 있게 된다.

컨벤션기획서는 다음과 같은 사항만을 포함하여 작성하도록 한다.

1. 기본 계획
   1) 행사개요
   2) 행사 일정표 (표로 작성)

2. 세부 운영계획
   1) 개회식
   2) 등록
   3) 숙박

‖ 문제 2의 문제풀이 샘플 1 ‖

제 10회 세계 PCO협회 연차총회
(The 10th Annual Convention for
World Professional Convention Organizer Association)

2017.10.15 ~ 10.17

㈜ 남산컨벤션서비스

목 차

1. 기본계획

　　1) 행사개요
　　2) 행사 일정표

2. 세부 운영계획

　　1) 개회식
　　2) 등록
　　3) 숙박

1. 기본 계획

1) 행사 개요

(1) 행사 의의

국제회의의 개최
여건 조성

성공적인
국제회의 개최

국제적 PCO 단체들과의
상호 교류 확대

국내의 PCO업계의 발전과
활성화 도모

1. 기본 계획

1) 행사 개요

(2) 행사 개요

행 사 명 : 제 25차 세계 PCO 협회 연차총회

개최기간 : 2017. 10. 15 ~ 2017. 10. 17

개최장소 : 서울 COEX

참가대상 : 세계 PCO 협회 회원사 및 비회원사

참가규모 : 약 1000명 (내국인 300명, 외국인 700명)

주   최 : 문화체육관광부

주   관 : (주) 남산컨벤션서비스

공식언어 : 한국어, 영어

1. 기본 계획

1) 행사 개요

(3) SWOT분석

Strength	Weakness
지방정부의 국제회의 유치 지원 강화 국제기구에서의 입지 강화	국제회의 기획업의 약한 경쟁력 국제회의전문인력 부족
Opportunity	**Threat**
항공편 확충 국제교류 증가	북한의 위협 주변국의 국제회의 유치 활동 강화

1. 기본 계획

2) 행사 일정표

	10월 15일	10월 16일	10월 17일
08:00~09:00	참가자 등록	분과회의2	폐회식
09:00~10:00			
10:00~11:00	개회식		관광
11:00~12:00			
12:00~13:00	오찬	오찬	점심
13:00~14:00	총회	분과회의3	관광
14:00~15:00			
15:00~15:30	커피브레이크	커피브레이크	
15:30~16:00	총회	분과회의3	
16:00~17:00			귀국
17:00~17:00	분과회의1	특별강연	
17:00~18:00			
18:00~19:00	환영연	환송연	
19:00~20:00			

2. 세부 운영계획

1) 개회식

(1) 개회식 컨셉

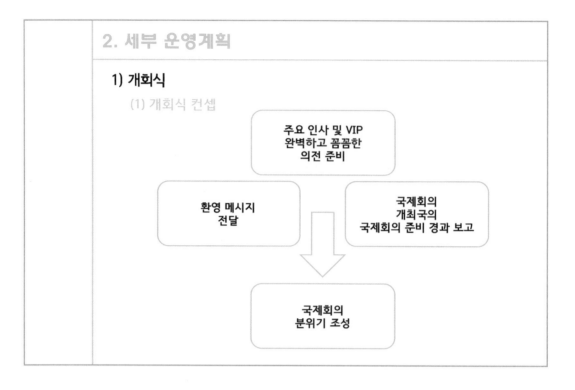

2. 세부 운영계획

1) 개회식

(2) 개회식 개요

일   시 : 2017년 10월 15일(수)
장   소 : 서울 COEX
참가규모 : 약 1000여명(내국인 300명, 외국인 700명)
공식언어 : 영어 & 한국어
Set Up   : Class Room Style
초청 인사: 세계PCO협회 회장, 한국 문화체육부 장관
              서울 시장, 한국PCO협회 회장 등

2. 세부 운영계획

1) 개회식

(3) 개회식 Flow Chart

구분	6	7	8	9	10.1~10.15	10.15~10.17
개회식장 섭외	▨					
현장 답사		▨				
가계약			▨			
본계약				▨		
개회식 Set Up 요청					▨	
리허설					▨	
개회식						▨

2. 세부 운영계획

1) 개회식

(4) 개회식장 Floor Plan

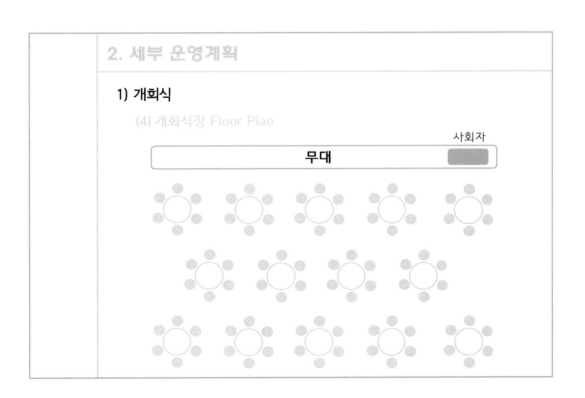

2. 세부 운영계획

1) 개회식

(5) 개회식 식순

시 간	장 소	비 고
10:00 ~ 10:15	일반 참가자 입장	개회식 참석자 입장
10:15 ~ 10:20	VIP 입장	세계 PCO협회 회장 서울 시장 등 VIP 인사
10:20 ~ 10:40	개최국 소개 영상물 상영	영상자료
11:40 ~ 11:50	국제회의 경과 보고	국제회의 개최준비위 원회 사무국장
10:50 ~ 11:40	개회선언 환영사 연설	개회사: 한국 PCO협회 회장 환영사: 문화체육관광 부 장관
11:50 ~12:00	개회식 폐식 선언	사회자

2. 세부 운영계획

2) 등록

(1) 등록 컨셉

사전 등록
특혜 홍보로
사전 등록 유도

Computer
등록 시스템
활용

등록자
DB 관리 정확성

현장 등록의
효율적 운영

⬇

등록 관리

2. 세부 운영계획

2) 등록
(2) 등록 개요

> 등록 종류: 사전 등록과 현장 등록
> 등록비 : 회원사 700달러, 비회원사 800달러
> 등록 특혜 :
> ① 항공: First Class & Business Class 40% 할인
> / Economy Class 60% 할인
> ② 숙박: 1박 120달러 (세금 포함 / 회의 기간 전.후
> 2일간 동일요금 적용)
> ③ 사교행사: 환영, 환송 만찬, 동반자 행사 무료 참
> 석
> ④ 회의장과 숙박 호텔 간 교통편의 제공
> ⑤ 개회식 입장 비표, 선물, 회의자료 등 포함
> Congress Kit 제공

2. 세부 운영계획

2) 등록
(3) 등록 Flow Chart

구분		6	7	8	9	10.1~10.15	10.15~10.17
사전등록	사전 등록 홈페이지 구성		■				
	사전 등록 안내			■			
	사전 등록 접수			■			
	사전 등록 Confirmation Email 발송			■			
	사전 등록 DB 관리		■	■	■		
	Congress Kit 전달						
현장등록	현장 등록 Set Up 디자인				■		
	현장 등록 Set Up 요청					■	
	현장 등록 및 Congress Kit 전달						■
공통	등록 컴퓨터 시스템 구축	■					
	등록비 정산						■

2. 세부 운영계획

2) 등록

(4) 등록 Floor Plan

2. 세부 운영계획

3) 숙박

(1) 숙박 컨셉

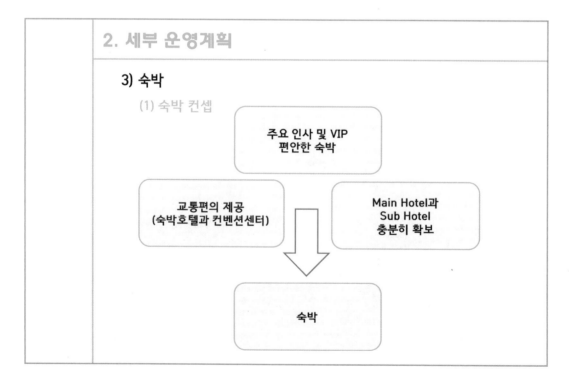

2. 세부 운영계획

3) 숙박

(2) 숙박 개요

숙박호텔 : 메인 호텔과 Sub Hotel 확보

호텔요금: Flat Rate 적용

호텔요금 적용 기간: 회의 전.후

요금 비포함 : 봉사료 10%

호텔 교통편의 : 컨벤션센터와 호텔 간 교통편 제공
호텔과 관광지간 교통편 제공

2. 세부 운영계획

3) 숙박

(3) 숙박 종류

NO	등급	호텔	객실타입	봉사료	거리
1	특1급	코엑스 인터컨티넨탈 호텔	트윈룸	10% 별도	도보 5분 거리
2	특1급	그랜드 인터컨티넨탈 호텔	더블룸	10% 별도	도보 5분 거리
3	1급	호텔 A	더블룸		차량 5분 거리
4	1급	호텔 B	더블룸		차량 5분 거리

2. 세부 운영계획

3) 숙박

(4) 숙박 Flow Chart

구분	5	6	7	8	9	10.1~10.15	10.15~10.17
공식 호텔 섭외	■						
공식 호텔 현장답사		■					
공식 호텔 가계약			■				
공식 호텔 정식 계약 체결			■				
호텔 객실 Block 예약			■				
호텔 예약 접수				■			
호텔 객실 Block 해지					■		
공항-호텔간 교통편의 제공						■	
호텔 Check in						■	
호텔 Check out							■

2. 세부 운영계획

3) 숙박

(5) 회의장과 숙박 호텔 간 교통 편의 제공

구분	차량 종류	차량 배차 간격	비고
VIP	리무진	VVIP별 개인 차량 배차	개인 일정에 따른 차량 운행
		VIP용 차량 배차	
일반 참가자	버스 (45인승)	15분 간격 차량 배차	컨벤션센터와 호텔간 차량 운행

▌문제 2의 문제풀이 샘플 2 ▌

제10회 세계 PCO협회 연차 총회
(The 10th Annual Conference for
World PCO Association)

2017.10.15 ~ 10.17

㈜남산 컨벤션 서비스

목 차

1. 기본 계획
　1) 행사 개요
　2) 행사 일정표

2. 세부 운영계획
　1) 개회식
　2) 등록
　3) 숙박

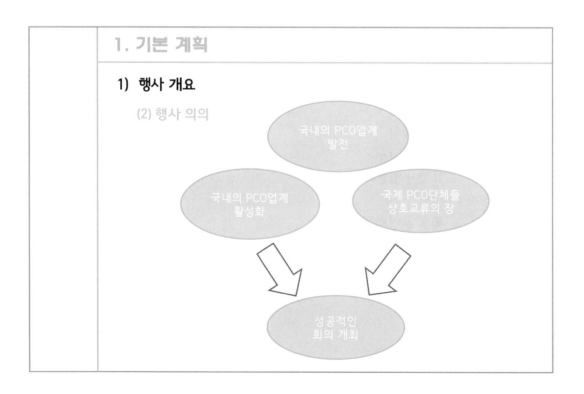

1. 기본 계획

1) 행사 개요

(3) 행사 개요

	내용	참고
일 시	2017.10.15 ~2017.10.17	
장 소	서울 코엑스	컨퍼런스룸 / 오디토리움
인 원	약 1000여명	내국인 300명 / 외국인 700명
등록비	회원사 $700	
	비회원사 $800	
공식 언어	한국어 / 영어	
예 산	5억 내외	
주 최	문화체육관광부	
주 관	㈜ 남산 컨벤션서비스	

1. 기본 계획

2) 행사 일정표

	10월 15일			10월 16일	10월 17일
9:00 ~ 10:00					분과회의
10:00 ~ 11:00	도착 및 등록			분과회의	
11:00 ~ 12:00					폐회식
12:00 ~ 13:00	오찬			오찬	
13:00 ~ 14:00		상업전시회	동반자행사		
14:00 ~ 15:00	개회식				OPTIONAL
15:00 ~ 16:00				분과회의	TOUR
16:00 ~ 17:00	총회				
17:00 ~ 18:00					
18:00 ~ 19:00	환영 만찬			환송 만찬	
19:00 ~ 20:00					
21:00 ~ 22:00					

2. 세부 운영 계획

1) 개회식

(1) 개회식 컨셉

```
                        ┌─────────┐
                        │   환영   │
                        └─────────┘
                             ⇩
┌─────────┐  ⇨  ┌──────────────┐  ⇦  ┌──────────────┐
│   회의   │     │   성공적인     │     │  한국 문화    │
│ 분위기 조성│     │  개회식 개최   │     │  소개 기회    │
└─────────┘     └──────────────┘     └──────────────┘
                             ⇧
                        ┌─────────┐
                        │  화려함  │
                        └─────────┘
```

2. 세부 운영 계획

1) 개회식

(2) 개회식 장소

구분	Room 종류
개회식/폐회식	Coex 오디토리움
총회	Coex 오디토리움
분과회의	Coex 컨퍼런스(남) 및 컨퍼런스 룸(북) 회의실

4F

3F

2F

4F 컨퍼런스룸(남)
Conference Room South

3F 4F 오디토리움 회의실
Auditorium Meeting Rooms

3F 오디토리움
Auditorium

Hall E
컨퍼런스룸(남)
Conference Room South

2F 컨퍼런스룸(북)
Conference Room North

2. 세부 운영 계획

1) 개회식

(3) 개회식 Floor Plan

무대

사회자

---

2. 세부 운영 계획

1) 개회식

(3) 개회식 Flow Chart

구분	6	7	8	9	10.1~10.15	10.15~10.17
개회식장 섭외	■					
현장 답사		■				
가계약			■			
본계약				■		
개회식 Set Up 요청					■	
리허설						■
개회식						■

2. 세부 운영 계획

1) 개회식

(4) 개회식 일정표

시간	일정	비고 (확인 사항)
13:30 ~ 14:00	일반 참가자 입장 VIP 입장	VIP 입장 음악 준비
14:00 ~ 14:30	문화체육관광 장관 환영사 서울 시장 환영사 VIP 인사 환영사	동시통역 장비 동시통역사 음향 장비 확인
14:30 ~ 14:45	제10회 세계PCO 협회 연차총회 사무국장 경과 보고 한국 PCO 협회 회장 개회사	
14:45 ~ 15:00	휴식시간	음료 준비

2. 세부 운영 계획

2) 등록

(1) 등록 컨셉

편리성

안정성

유연성

효율성

신속성

2. 세부 운영 계획

2) 등록

(2) 등록 개요

구분	사전등록	현장등록
기간	행사전 4개월 간 (2017년 5월 ~ 10월)	2017년 10월 15일 ~17일 (3일간)
등록방법	홈페이지 / E - mail / FAX / 우편접수	현장접수
주요업무	등록접수, 등록비 확인 등록자 데이터 및 등록자 관리 문의 응대 /지속적인 커뮤니케이션	현장등록접수 / ID 카드 발급 Conference kit 및 관련 자료 배포 참가자 리스트 작성

2. 세부 운영 계획

2) 등록

(3) 등록 Floor Chart

구분		6	7	8	9	10.1~10.15	10.15~10.17
사전등록	사전 등록 홈페이지 구성	▭					
	사전 등록 안내		▭				
	사전 등록 접수		▭				
	사전 등록 Confirmation Email 발송		▭				
	사전 등록 DB 관리		▭▭▭▭▭				
	Congress Kit 전달						
현장등록	현장 등록 Set Up 디자인				▭		
	현장 등록 Set Up 요청				▭		
	현장 등록 및 Congress Kit 전달					▭	
공통	등록 컴퓨터 시스템 구축	▭					
	등록비 정산						▭

2. 세부 운영 계획

2) 등록

(4) 등록 Floor Plan

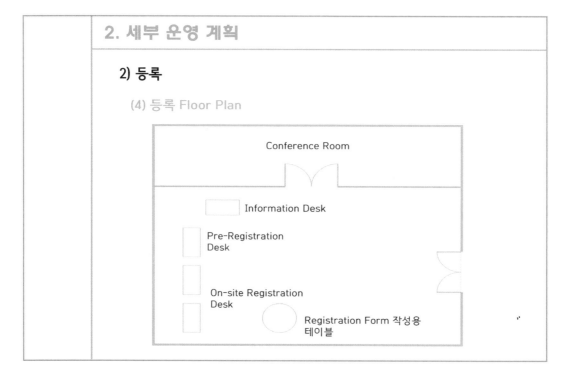

2. 세부 운영 계획

3) 숙박

(1) 숙박 호텔 종류

NO	등급	호텔	객실타입	거리	봉사료
1	특1급	코엑스 인터컨티넨탈 호텔	트윈룸	도보 5분 거리	10% 별도
2	특1급	그랜드 인터컨티넨탈 호텔	더블룸	도보 5분 거리	
3	1급	호텔 A	더블룸	차량 5분 거리	
4	1급	호텔 B	더블룸	차량 5분 거리	

2. 세부 운영 계획

3) 숙박

(2) 숙박 Flow Chart

구분	5	6	7	8	9	10.1~10.15	10.15~10.17
공식 호텔 섭외	☐						
공식 호텔 현장답사		☐					
공식 호텔 가계약		☐					
공식 호텔 정식 계약 체결			☐				
호텔 객실 Block 예약			☐				
호텔 예약 접수				☐			
호텔 객실 Block 해지					☐		
공항-호텔간 교통편의 제공						☐	
호텔 Check in						☐	
호텔 Check out							☐

2. 세부 운영 계획

3) 숙박

(3) 숙박 호텔과 회의장.개회식장 교통편의 제공

구분	차량 종류	차량 배차 간격	비고
VIP	리무진	VVIP별 개인 차량 배차	개인 일정에 따른 차량 운행
		VIP용 차량 배차	
일반 참가자	버스 (45인승)	15분 간격 차량 배차	컨벤션센터와 호텔간 차량 운행

▌ 문제 2의 문제풀이 샘플 3 ▌

제10회 세계PCO협회 연차총회
The 10th Annual Conference of IAPCO

2014.10.15 ~ 10.17

㈜남산컨벤션서비스

목 차

I-1 개최 목적 및 의의

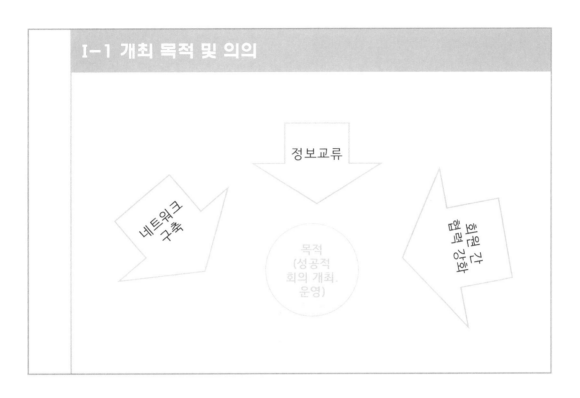

I-2 행사개요

행사명	제10회 세계PCO협회 연차총회 (The 10th Annual Conference of IAPCO)
주제	국내 PCO의 발전방안 논의
행사기간	2017년 10월 15일(목)~17일(토)
장소	서울 코엑스
참가규모	15개국 총 1000여명 (내국인 300명, 외국인 700여명)
주최	문화체육관광부
후원	한국PCO협회, 서울시
공식언어	한국어, 영어

I-3 행사일정표

	10월 15일			10월 16일	10월 17일
9:00 ~ 10:00	등록	상업전시회	동반자행사	분과회의	분과회의
10:00 ~ 11:00					
11:00 ~ 12:00	개회식				폐회식
12:00 ~ 13:00	오찬			오찬	
13:00 ~ 14:00	총회			분과회의	OPTIONAL TOUR
14:00 ~ 15:00					
15:00 ~ 16:00					
16:00 ~ 17:00					
17:00 ~ 18:00					
18:00 ~ 19:00	환영 만찬		환송 만찬		
19:00 ~ 20:00					

II-1 등록

등록 컨셉

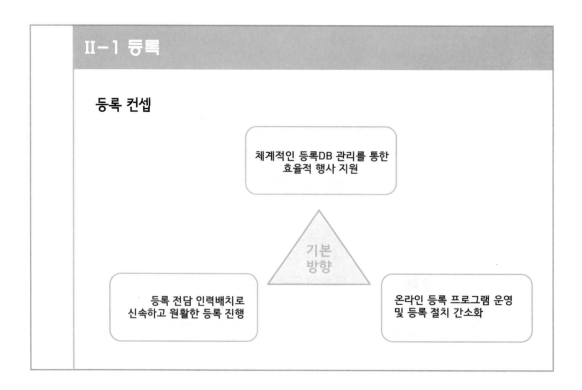

체계적인 등록DB 관리를 통한
효율적 행사 지원

기본
방향

등록 전담 인력배치로
신속하고 원활한 등록 진행

온라인 등록 프로그램 운영
및 등록 절차 간소화

II-1 등록

등록 개요

구 분		내 용
	행 사 명	제 10회 세계 PCO협회 연차 총회 The 10th Annual Conference of IAPCO
	등록 대상	15개국 총 1000여명: 관련 국내외 주요인사, 협회, 학회, 회원, 미디어, 행사 관계자
일 정	사전 등록	2017년 5월 1일 - 9월 31일
	현장등록 및 운영	2017년 10월 5일 - 10월 7일 (08:00 - 19:00)
장 소	사전 등록	공식 등록서식 작성 및 접수: 온라인 등록, 팩스 및 이메일 이용
	현장등록 및 운영	등록데스크 설치 (COEX 주행사장 입구 로비)
	기타	행사 및 관광 안내 데스크 운영

II-1 등록

등록 Timeline

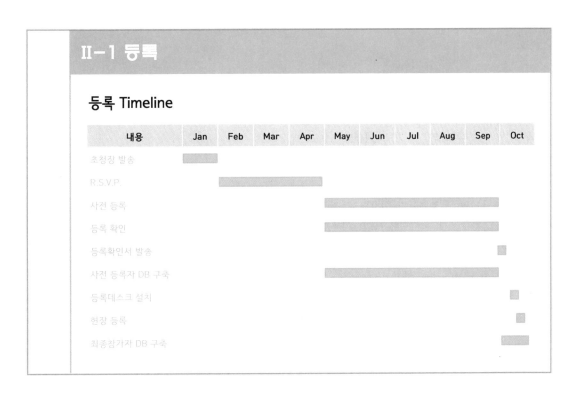

내용	Jan	Feb	Mar	Apr	May	Jun	Jul	Aug	Sep	Oct
초청장 발송										
R.S.V.P.										
사전 등록										
등록 확인										
등록확인서 발송										
사전 등록자 DB 구축										
등록데스크 설치										
현장 등록										
최종참가자 DB 구축										

II-1 등록

등록 Process

참가신청서 발송
- 잠정프로그램 및 안내문 확정/ 주최기관장 명의 공식초청장/ 회의일정 안내
- 등록신청서 수록내용: 참가자 인적사항, 회의참석여부 확인, 항공스케줄, 체제기간 및 호텔 예약 관련, 사교행사 참석여부, 특이사항 체크

신청접수 Data정리
- 등록접수: E-mail, 팩스 접수
- 등록 카테고리 구분, 등록번호 부여, 등록자 리스트 및 현황관리, 등록 필수사항 기재여부 확인
- 각종 list-up: 참가자 list (국가/소속별), 호텔투숙자 리스트, VIP list (의전정보), 항공스케줄

접수확인
- 행사별 참석여부 확인
- 호텔 Check-in/out date 확인
- 항공편 및 입/출국 일정 확인

현장등록
- 사전등록자: Congress Kit, Name Tag, 발표자료집

II-1 등록

현장 등록데스크 운영

- 운영 기간: 2017. 10.5 - 10.7 (3일간)
- 운영 장소: 서울 COEX
- 등록 규모: 약 1000명
- 등록데스크 설치
  - ✓ Pre-registration Desk - 3 부스
  - ✓ On-site Registration Desk - 2 부스
  - ✓ Tour & Accompanying Person's Program Desk - 1 부스
  - ✓ Information Desk - 1 부스
  - ✓ 필기구 비치용 - 1 테이블
- 운영요원 배치: 등록책임자 1명, 등록 운영요원 15명
- 준비물: 사전등록자 리스트, Congress Kit, 등록명찰 등

II-1 등록

등록데스크 배치도

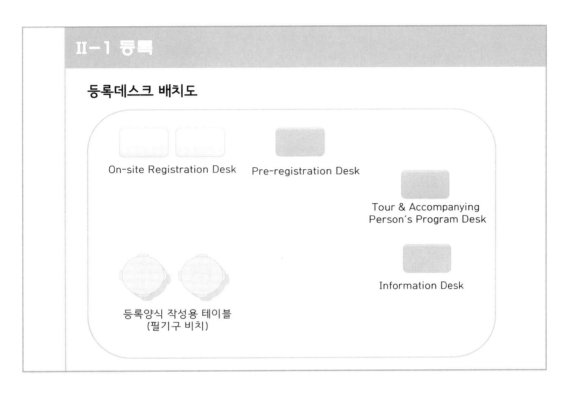

On-site Registration Desk Pre-registration Desk

Tour & Accompanying
Person's Program Desk

Information Desk

등록양식 작성용 테이블
(필기구 비치)

II-2 숙박

숙박 컨셉

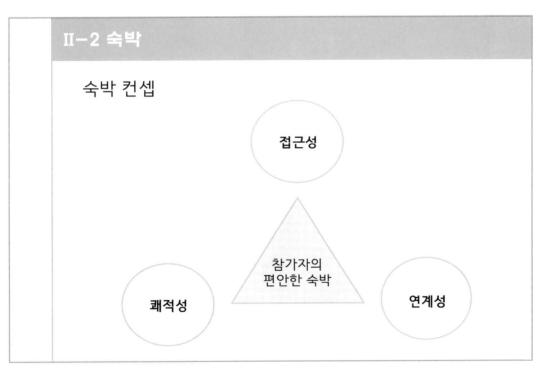

접근성

참가자의
편안한 숙박

쾌적성

연계성

II-2 숙박

- 숙박 기본 계획
  - 시설의 안락함 우선 고려
  - 회의 장소(코엑스)와의 접근성 고려
  - 충분한 객실 확보
  - 회의장과 호텔 간 원활한 수송 체계 수립
  - 공식항공사인 한국항공 이용시 특별요금 제공
  - 호텔 담당자와의 긴밀한 협조 체계 구축

II-2 숙박

숙박 Process

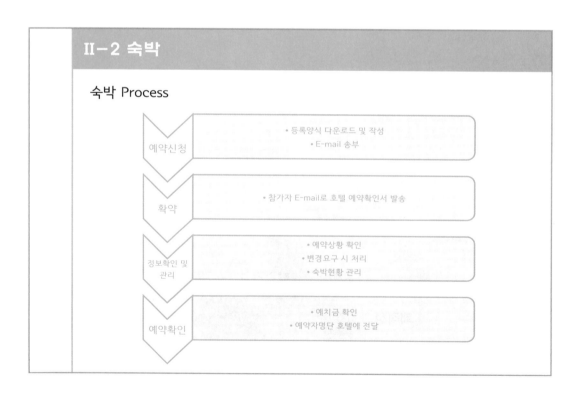

예약신청	• 등록양식 다운로드 및 작성 • E-mail 송부
확약	• 참가자 E-mail로 호텔 예약확인서 발송
정보확인 및 관리	• 예약상황 확인 • 변경요구 시 처리 • 숙박현황 관리
예약확인	• 예치금 확인 • 예약자명단 호텔에 전달

II-2 숙박

숙박 실행 계획

호텔이름	구분	가격	Venue와의 거리	투숙객 수
그랜드 인터콘티넨탈	회원	50달러	500m	250명
	비회원	65달러		
마제스틱	회원	30달러	1.2km	300명
	비회원	45달러		

노선	운행 간격	비고
코엑스~ 그랜트 인터콘티넨탈	15분 간격	
코엑스~마제스틱	15분 간격	*자세한 운행시간 현장에서 공고 **상황에 따라 변동 가능
그랜드 인터콘티넨탈~ 마제스틱	30분 간격	

II-2 숙박

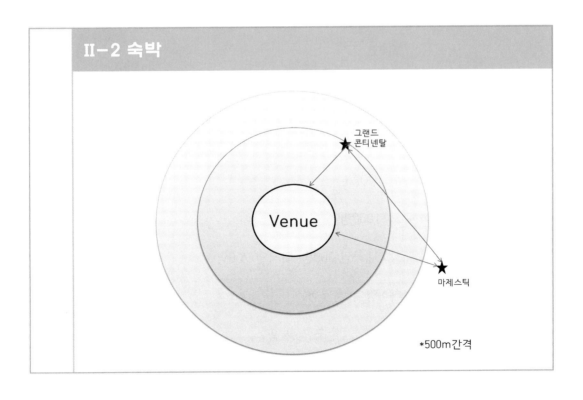

II-3 개회식

컨셉

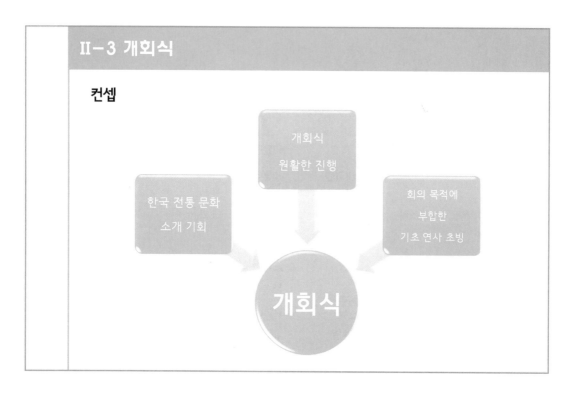

II-3 개회식

개회식 개요

- 일시 : 2017년 10월 16일 9시~10시

- 장소 : 서울 COEX

- 참석 규모: 1000명

- 참석 대상 : 내국인 300명, 외국인 700명

- 공식 언어 : 영어, 한국어

- 개회식 퍼포먼스 : 한국 전통 춤

II-3 개회식

시간	프로그램	세부 내용
08:00 ~	참가자 입장	참가자 등록 및 입장
	VIP 입장	문화관광부 장관, 서울 시장
08:50 ~ 09:00	식전 영상 상영	한국의 문화를 홍보할 수 있는 영상
~09:00	참가자 착석	
09:00~09:05	개회 선언	사회자
09:05~09:10	개회사	문화관광부 장관
09:10~09:20	축사	서울 시장
09:20~09:40	기조 연설	기조 연설
09:40~09:55	공연	상호 교류와 어울림을 주제로 한 한국 전통 무용 공연
09:55~10:00	개회식 종료	사회자

II-3 개회식

행사장 배치

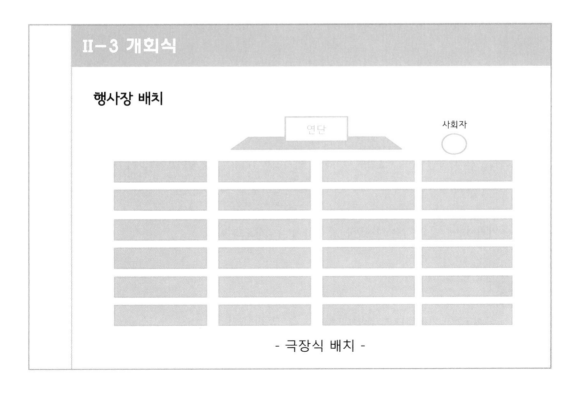

- 극장식 배치 -

문제 3

다음의 회의취지와 제시된 조건을 활용하여 해당 사항에 대한 컨벤션기획서를 작성하시오.
(기획서는 파워포인트 20페이지 내외로 한다.)

☞ 회의 취지

한국 컨벤션산업의 국가 경쟁력 제고 방안을 논의하기 위한 국제회의 개최

☞ 조건

· 행사명 :
· 기간 : 2017년 9월 15일 (목) – 9월 18일(일)
· 장소 : 코엑스
· 주최 : 가칭 아 · 태컨벤션협의회
· 후원 : 문화체육관광부 및 다국적 기업
· 참가 대상 : 컨벤션기관, 기업 대표 및 교수
            (내국인 1,000명, 외국인 800명, 동반자 200명)
· 등록비 : 내국인 10만원, 외국인 500USD, 동반자 200 USD

☞ 조건

· 주요행사 : 개회식, 폐회식, 환영연, 한국의 밤, 환송연, 전시회 3일, 워크샵 8회, 분과회의
            2회, 공식관광, 동반자 프로그램, 커피 브레이크 5회
· 예산 조건 : 총 예산 15억, 정부지원 2억
· 기타 : 본부 직원 20명, 초청연사 50명, 임시직원 00명 (구체적인 단위없이 00명으로만 문
        제에 제시된 경우 스스로 인원을 필요 인원을 결정)

컨벤션 기획서는 다음과 같은 사항만을 포함하여 작성하도록 한다.

1. 행사 개요 및 일정표
2. 온라인 등록 계획
3. 예산 계획 (수입 지출총괄표, 수입내역표, 지출세부내역표)

‖ 문제 3의 문제풀이 샘플 1 ‖

2017 아·태 컨벤션 협의회 연차 총회
(2017 Annual Conference for
Asia - Pacific Convention Association)

2017. 09. 15 ~ 09. 18

아·태 컨벤션 협의회

목 차

1-1. 개최의의

| 한국 컨벤션 산업의 국가 경쟁력 제고 방안 협의 | 아·태 지역 컨벤션 산업과 한국 컨벤션 산업의 협력 강화 방안 협의 | 한국 PCO 업계의 발전 방향 협의 |

한국 컨벤션 산업의 국가 경쟁력 향상

1-2. 행사개요

► 총회 개요

1) 회 의 명 : 2017년 아·태 컨벤션 협의회 연차 총회
(2017 Annual Conference for Asia-Pacific Convention Association)

2) 개 최 기 간 : 2017년 09월 15일(목) ~ 09월 18일(일)

3) 개 최 장 소 : 서울 코엑스 (COEX), 한국

4) 참 가 규 모 : 약 2,000명 (내국인 1,000명, 외국인 800명, 동반자 200명)
- 컨벤션 기관
- 기업대표 교수

5) 주　　　최 : 아·태 컨벤션 협의회

6) 후　　　원 : 문화체육관광부 및 다국적 기업

7) 공 식 언 어 : 영어, 중국어 (한국어 동시통역)

8) 홈 페 이 지 : www.apconvention.or

1-3. 행사일정표

▶ 행사 전체 일정

	9.15(목)		9.16(금)		9.17(토)		9.18(일)
8:00 ~ 9:00			등록		등록		등록
9:00 ~ 10:00			개회식		분과회의 (A)		워크샵 7
10:00 ~ 11:00		전시회 - 총회 참석자	커피 브레이크	전시회 - 총회 참석자	커피 브레이크	전시회 - 일반인 공개	커피 브레이크
11:00 ~ 12:00	참가자 도착 및 등록		총회		분과회의 (B)		워크샵 8
12:00 ~ 13:00			오찬		오찬		오찬
13:00 ~ 14:00			워크샵 1 / 워크샵 2 / 워크샵 3		워크샵 4 / 워크샵 5 / 워크샵 6		시티투어
14:00 ~ 15:00							
15:00 ~ 16:00			커피 브레이크		커피 브레이크		
16:00 ~ 17:00			워크샵 1 / 워크샵 2 / 워크샵 3		워크샵 4 / 워크샵 5 / 워크샵 6		폐회식
17:00 ~ 18:00							
18:00 ~ 19:00	환영연		초청만찬 (A 기업 주최)		한국의 밤		환송연
19:00 ~ 20:00							

2-1. 초청 및 온라인 등록 계획

▪ 초청 및 온라인 등록 기본 방향

신속성

체계적인 등록 DB 관리
초청 및 온라인 등록전담인력 배치
참가자와 원활한 커뮤니케이션 지원

정확성   체계성

초청 및 온라인 등록 업무효율성 향상

2-1. 초청 및 온라인 등록 계획

- 초청 프로세스

► 초청 대상자 DB구축
- -. 전차 대회 참석자 리스트 확보
- -. 유사 행사 참석자 리스트 확보
- -. 관련기관을 통해 업데이트된 참석 예상 리스트 작성

► 초청장 발송
- -. 내외국인 분류에 따른 한·영 초청장 작성
- -. 주요 VIP 인사 초청장 우편 발송
- -. 행사 안내책자 발송

► 등록확인 및 등록자 관리
- -. 주요 VIP 참석여부 확인 및 일반 회의 참석자 신청서 접수
- -. 등록 완료 여부 안내 (이메일, 문자)
- -. 등록자들을 대상으로 행사관련 정보 제공

2-1. 초청 및 온라인 등록 계획

- 온라인 등록 프로세스

► 초청장 및 참가 신청서 발송
- -. 초청 안내문 확정 : 회의일정, 전시일정, 공식투어 포함
- -. 등록 신청서 : 참가자 인적사항, 사교행사 신청서, 특이사항
- -. 숙박, 항공 안내서

► 신청접수 및 Data 정리
- -. 등록자 DB 작성 : 등록번호 부여
  사교행사 참석여부 및 특이사항 확인
- -. 등록 신청서 누락사항 확인

► Registration Confirmation Mail
- -. 사교행사 참석여부 확정
- -. 숙박일정 확인
- -. 항공권 일정 확인

2-1. 초청 및 온라인 등록 계획

- 등록 데스크 배치도

-. 운영 기간 : 9.15(목) ~ 9.18(일)
-. 위치 : 코엑스 행사장 입구 동편과 서편 각 1개씩
-. 등록 규모 : 약 2,000명 (내국인 1,000명, 외국인 800명, 동반자 200명)
-. 준비물 : 사전 등록자 리스트 Congress Kit, 등록 명찰 및 수교물 등

사전 등록
등록 데스크 ｜ On-site 등록 데스크 ｜ 숙박, 교통
안내데스크

등록양식 작성 테이블

9. 15 (첫날)
등록 책임자 1명
등록 보조 2명
운영요원 15명
숙박·교통 2명

사전 등록
등록 데스크 ｜ On-site 등록 데스크 (숙박·교통 업무 병행)

등록양식 작성 테이블

9. 16 ~ 9.18
등록 책임자 1명
등록 보조 2명
운영요원 5명

2-1. 초청 및 온라인 등록 계획

- Congress Kit

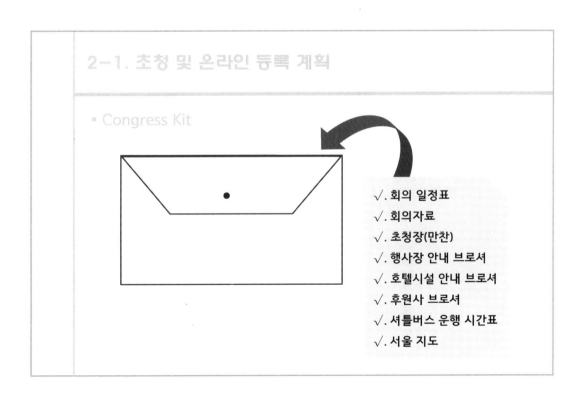

√. 회의 일정표
√. 회의자료
√. 초청장(만찬)
√. 행사장 안내 브로셔
√. 호텔시설 안내 브로셔
√. 후원사 브로셔
√. 셔틀버스 운행 시간표
√. 서울 지도

2-1. 초청 및 온라인 등록 계획

- 숙박 기본 방향
  - -. 참가자의 편의를 고려한 숙박 정보 제공
  - -. 숙박 안내 데스크 운영

이용편리성

쾌적성   안전성

- 숙박 프로세스

사무국 예약 대행	예약 신청	확약	정보확인 및 관리	예약 확인
	온라인 등록 시 신청	참가자 E-mail로 예약 확인서 발송	변경사항 관리	예약자 명단 호텔에 전송

참가자 직접 예약	예약 신청	예약 진행
	홈페이지를 통해서 신청서 작성	참가자 확인 후 호텔 규정대로 진행

2-1. 초청 및 온라인 등록 계획

- 회의장과 숙박 호텔 간 교통편 제공
  - -. 운영기간 : 9.15(목), 9:00 ~ 9.18(일), 21:00
  - -. 정차위치 : 주변 차량 정체를 고려하여 코엑스 대형버스 주차장 A구역 이용
    각 호텔 별 승하차 위치 공고
  - -. 지하철역 : 호텔↔코엑스 간 셔틀 이용하여 삼성역으로 이동

호텔명	운행 간격	운행 시간
A 호텔	30분 간격	
B 호텔	30분 간격	첫차(08:30)
C 호텔	30분 간격	막차(20:30)
D 호텔	30분 간격	

2-2. 공식관광 및 동반자 프로그램

- 공식관광 기본 방향
  - -. 다양한 체험의 기회 제공
  - -. 참가자간 교류를 할 수 있는
    프로그램 구성

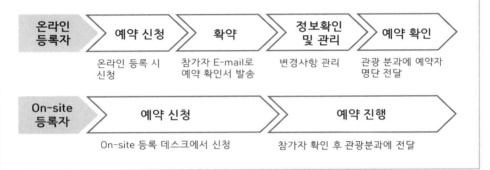

- 공식관광 프로세스

온라인 등록자	예약 신청	확약	정보확인 및 관리	예약 확인
	온라인 등록 시 신청	참가자 E-mail로 예약 확인서 발송	변경사항 관리	관광 분과에 예약자 명단 전달

On-site 등록자	예약 신청	예약 진행
	On-site 등록 데스크에서 신청	참가자 확인 후 관광분과에 전달

2-2. 공식관광

총회 참석자들에게 국제 도시로서의 서울을 알릴 수 있도록 구성

- √. 시티투어 비용은 등록비에 포함되며 진행 시 신청자에 한해 영어 통역 제공
  (영어 통역 신청은 등록 데스크에서 신청가능)
- √. 관광 코스는 등록 시 선택이 가능하나, 코스별 최대 인원이 한정되어 있으므로
  조기 마감 될 수 있음

관광 코스	소요시간	관광 내용
A	4시간	서울 시티 투어 버스 코스 A
B	4시간	서울 시티 투어 버스 코스 B
C	2시간	서울 시티 투어 버스 코스 C
D	2시간	서울 시티 투어 버스 코스 D

2-2. 동반자 프로그램

> **한국 전통 문화를 체험할 수 있는 프로그램으로 구성**

√. 등록비에 포함되지 않으며 신청자에 한해 진행
√. 각 코스별로 금액이 상이하며 9/16, 9/17일 모두 선택 가능
√. 각 코스 종료 시 한국 전통 소품을 기념품으로 증정
  (복주머니, 부채, 자개 손거울, 탈 열쇠고리, 전통문양 책갈피)

관광 코스	날짜	관광 내용
A	9/15 (목)	한국 민속촌 (한국 전통 놀이 체험)
B	9/16 (금)	한국 전통 의상 & 다도 체험
C	9/17 (토)	경복궁, 창덕궁 견학 & 주변 지역
D	9/18 (일)	국악, 전통악기 체험

2-3. 예산

■ 수입 지출 총괄표

구분	항목	금액	구분	항목	금액
1	등록비	628,000,000	1	조직위 운영비	34,200,000
2	전시 수입	600,000,000	2	학술 분과	36,080,000
3	후원금	200,000,000	3	출판 분과	56,870,000
4	회의 자료 판매	72,000,000	4	현장 분과	404,854,100
			5	등록 분과	62,495,000
			6	홍보 분과	58,520,000
			7	수송 분과	48,000,000
			8	관광 분과	32,020,000
			9	PCO 인건비	54,000,000
			10	일반 관리비 (1-9 합계의 5%)	39,351,955
			11	기업이윤 (1-10 합계의 10%)	82,639,106
			12	예비비 (1-11 합계의 10%)	90,903,016
			13	부가가치세 (수입의 10%)	150,000,000
	합계	1,500,000,000		합계	1,149,933,177

2-3. 예산

▪ 수입 내역표

No	항목	세부항목	예산						소계	비고
			단가	수량		단위/기간		금액		
1	등록비	1)일반등록 - 국내	100,000	1,000	명	1	원	100,000,000		
		2)일반등록 - 외국	500	800	명	1,200	원	480,000,000	628,000,000	
		3) 동반자	200	200	명	1,200	원	48,000,000		
2	회의자료 판매	자료판매 수입	40,000	1,800	부			72,000,000	72,000,000	
3	전시 수입	전시부스 판매	6,000,000	100	부스	1	부스	600,000,000	600,000,000	
4	후원금	문화관광체육부	200,000,000	1	전체	1	전체	200,000,000	200,000,000	
	총계								#########	

2-3. 예산

▪ 지출 세부 내역표

구분	항목		금액		구분	항목		금액	
1	조직위원회 운영비	회의비	25,000,000	#######	6	홍부분과	홈페이지 제작,유지,관리	45,000,000	85,000,000
		숙박비	25,000,000				우편발송비	20,000,000	
		식비	30,000,000				광고&홍보비	20,000,000	
		현장경비	20,000,000		7	수송분과	공항-호텔	30,000,000	90,000,000
2	학술분과 위원회	회의비	10,000,000	70,000,000			호텔-회의장	30,000,000	
		항공비	30,000,000				호텔-동반자	30,000,000	
		숙박비	20,000,000		8	관광분과	수송비	10,000,000	95,000,000
		강연료	10,000,000				관광가이드비	10,000,000	
3	출판분과 위원회	안서서 제작비	10,000,000	80,000,000			관광비	40,000,000	
		program 비용	30,000,000				동반자행사 수송비	8,500,000	
		회의자료	20,000,000				동반자행사 가이드비	8,000,000	
		봉투,편지지,이름표	10,000,000				동반자행사비	18,500,000	
		초청장 제작,발송	10,000,000		9	PCO 용역비	행사기획•운영비	45,000,000	90,000,000
4	현장분과 위원회	회의장 사용료	30,000,000	85,000,000			인건비	45,000,000	
		식음료비	25,000,000		10		예비비	90,090,000	90,090,000
		공연비	10,000,000		11		기업이운	81,900,000	81,900,000
		기자재 임대비	5,000,000		12		일반관리비	39,000,000	39,000,000
		안내물 제작	5,000,000		13		부가가치세	#######	150,000,000
		동시통역비	10,000,000						
5	총무분과 위원회	등록시스템구축	15,000,000	85,000,000					
		현장등록요원 인건비	24,000,000						
		congress kit 제작비	9,000,000						
		기념품	9,000,000						
		이름표 case	8,000,000						
		등록부스 제작비	10,000,000						
		기자재 임대비	10,000,000				합계		1,140,990,000

║ 문제 3의 문제풀이 샘플 2 ║

2017년 아•태컨벤션연례총회
(2017 Annual Conference
for Asia-Pacific Convention Association)

2017 . 9 . 15 ~ 9 . 18

㈜ JHK Convention Service Ltd.

– 목 차 –

Ⅰ. 행사개요 및 구성
  1. 회의취지 및 의의
  2. 행사개요
  3. 일정표

Ⅱ. 부분별 실행 계획
  1. 초청 및 온라인 등록
  2. 관광
  3. 숙박 및 교통
  4. 예산계획

1. 회의취지 및 의의

한국 컨벤션산업
발전방향

아·태컨벤션
회원국간의
네트워킹 강화

한국 PCO업체의
경쟁력 강화

한국 컨벤션산업의 국가경쟁력 제고 방안 논의

2. 행사개요

1 행 사 명 : 2017년 아·태 컨벤션연례총회
(2017 Annual Conference for Asia-Pacific Convention
Association)

2 기 간 : 2017년 9월 15일(목) ~ 9월 18일(일)

3 장 소 : 코엑스(Coex)

4 주 최 : 아·태컨벤션협의회

5 후 원 : 문화체육관광부 및 다국적 기업

6 참 가 대 상 : 컨벤션유관 기관, 기업 대표 및 교수
(내국인 1000명, 외국인 800명, 동반자 200명)

7 등 록 비 : 내국인 10만원, 외국인 500USD, 동반자 200USD

8 공 식 언 어 : 영어, 한국어 (동시통역 제공)

3. 일정표

- 회의 참석자들의 원활한 회의 참여를 위한 정확한 시간 공지
- 일정표 게시판운영 (venue & 숙박장소)

	9월15일(목)		9월16일(금)		9월17일(토)		9월18일(일)
09:00~10:00	현장등록	전시회	등록	전시회	등록	전시회·일반인참관	등록
10:00~11:00			분과회의 1		워크샵 5		워크샵 7
11:00~12:00	개회식						Coffee Break
12:00~13:00	점심		점심		점심		점심
13:00~14:00	워크샵 1		워크샵 3		워크샵 6		워크샵 8
14:00~15:00					Coffee Break		
15:00~16:00	Coffee Break		Coffee Break		분과회의 2		Coffee Break
16:00~17:00	워크샵 2		워크샵 4				폐회식
17:00~18:00					Coffee Break		
18:00~19:00	환영연		한국인의 밤		갈라 디너		환송연
19:00~20:00							
20:00~21:00							

1. 초청 및 온라인등록

1. 초청 및 온라인등록

초청 인사 선정

- 전차대회 참석자 리스트 확보
- 관련기관 통하여 예상 참석자 리스트 확보
- 유사행사 참석자 리스트 확보

초청장 발송

- 예상참석자에게 초청장 발송
- VIP / 내외국인 구분하여 발송
- 일정,문구 재확인
- 회의 안내브로셔 발송

등록 확인

- 등록자에 대한 등록완료 안내
- 이메일, 문자 통한 안내
- 행사에 관심유도를 위한 지속적인 정보 업데이트

참가 신청 접수

- VIP 참석자 파악
- 일반참석자 참가 신청서 이메일, 전화, 팩스, 홈페이지 접수

1. 초청 및 온라인등록

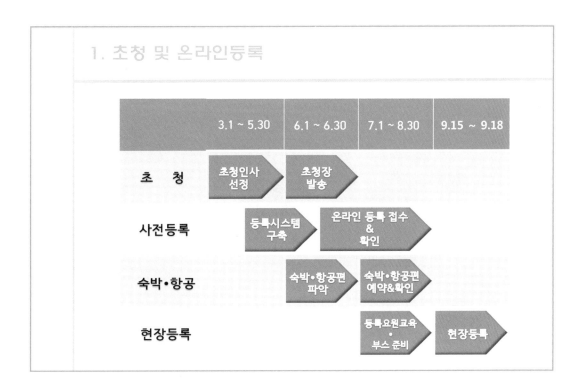

1. 초청 및 온라인등록

초청	• 회원들간의 지속적인 네트워킹을 통한 DB구축 • 예상 참가자 선정 • 예상 참가자들에게 초청장 발송 • VIP와 일반회원 구분하여 발송 • 등록을 위한 정확한 정보 제공
사전 등록	• 사전등록의 장점 홍보 • 온라인등록의 편의성 강조 • 사전등록 시 교통, 숙박 등의 편의 제공 • 온라인 등록을 위한 홈페이지 구축 • 이메일 접수, 전화, 팩스 접수
현장 등록	• 현장등록 운영요원 선발,교육 • 현장등록을 위한 Floor plan작성 • 현장등록 부스, 신청서 준비 • 현장등록 시 혼잡함을 방지하기 위한 동선 배치 • 현장등록 시 필요한 집기 준비

1. 초청 및 온라인 등록

현장등록 Floor Plan

-사전등록데스크- ←------- 현 장 등 록 데 스 크 -------→

- 등록양식 작성 테이블 -   숙박교통   관광안내데스크

2. 관광 및 동반자행사

> **BEAUTIFUL SEOUL**

- BEAUTIFUL SEOUL을 슬로건으로 한국의 서울 알리기
- 한국전통문화체험 장소 섭외
- 나이트라이프 체험프로그램 구성
- IT강국 이미지를 알리기 위한 전자기기 체험행사 구성
- 통역 , 문화해설사 사전교육
- 교통편 준비하기
- 현장관광등록 안내데스크 설치
- 안전한 교통편, 문화프로그램 구성

2. 관광 및 동반자행사

- 회의 참석자들에게 전통미가 어우러진 현대적 도시
  서울을 알리기 위한 프로그램으로 구성
- VIP와 일반 참가자 구분하여 진행
- 안전한 관광이 되기 위한 운전기사 사전 교육

	일 반 참 가 자	V I P	비고
일 정	9월16일 ~ 9월17일	전 일정 VIP스케줄에 맞춤	
출발시간	오전 9시 / 오후 1시 (3시간소요)		
출발장소	코엑스 D구역 주차장		
교 통	45인승 버스	VIP용 차량 준비	* 투어 일정은 상황에 따라 변경 될 수 있음
	A-녹색 ,B-파랑 ,C-노랑 ,D-빨강		
코 스	서울시티투어 A		
	서울시티투어 B		
	서울시티투어 C		
	서울시티투어 D		

2. 관광 및 동반자행사

- 동반자들에게 한국의 전통문화를 체험하는 프로그램으로 구성
- 서울의 나이트 라이프 체험
- 안전한 관광이 되기 위한 운전기사 사전 교육

		동반자	비고
일 정		9월15일 ~ 9월18일	
출발시간		오전 9시 / 오후 1시 / 오후 4시 / 오후 9시 (코스별로 출발시간 상이)	
출발장소		코엑스 c구역 주차장	* 상황에 따라 일정변동 가능성 있음
교 통		45인승 버스 A- 보라 ,B-주황 ,C-검정 ,D-분홍 ,e-금색	
코 스	A	한국전통문화체험	
	B	한국전통문화체험	
	C	한국전통문화체험 + 동대문시장체험	
	D	한국전통문화체험 + 서울야경감상	
	E	동대문시장체험 + 서울야경감상	

3. 숙박 및 교통

숙박	- 참가자의 편의를 고려한 숙박 정보 제공 - 숙박예약업무 대행을 원하는 참가자들을 위한 안내 홈페이지 운영 - 현장등록 참가자들을 위한 숙박정보 제공 팸플릿 제작 - 다양한 가격대의 숙박 정보 제공 - 전화, 이메일 문의 회신을 위한 전담 운영요원 배치 - 홈페이지, 스마트폰 어플을 통한 지속적인 정보 업데이트 - 숙박 안내 등록데스크 운영
교통	- 도착지에서 Venue까지의 교통편 정보 제공 여부 확인 - 도착 일정에 따른 교통편 제공 가능 여부 확인 - 숙박 호텔에서 Venue까지의 서틀 운행 가능 여부 확인 - VIP에 대한 개인 차량 제공 여부 확인 - 배치된 교통편 환경 점검 - Venue와 숙박시설에 서틀 운행 게시판 운영 - 홈페이지, 스마트폰 어플을 통한 지속적인 정보 업데이트 - 교통 안내 등록데스크 운영

4. 예산계획

수입 지출 총괄표

수입			지출		
구분	항목	금액	구분	항목	금액
1	등록비	620,000,000	1	조직위 운영비	100,000,000
2	후원금	200,000,000	2	학술 분과	70,000,000
3	회의자료판매	40,000,000	3	출판 분과	80,000,000
4	전시수입	640,000,000	4	현장 분과	85,000,000
			5	등록 분과	85,000,000
			6	홍보 분과	85,000,000
			7	수송 분과	90,000,000
			8	관광 분과	95,000,000
			9	pco인건비	90,000,000
			10	일반관리비 (1~9 합계의 5%)	39,000,000
			11	기업이윤 (1~10 합계의 10%)	81,900,000
			12	예비비 (1~11 합계의 10%)	90,090,000
			13	부가가치세 (수입1~4의 10%)	150,000,000
합계		1,500,000,000	합계		1,140,990,000

4. 예산계획

수입 내역표

구분	항목	세부항목	예산					금액	소계
			단가	수량		단위/기간			
1	등록비	1)일반등록-국내	100,000	1,000	명	1	원	100,000,000	628,000,000
		2)일반등록-외국	500	800	명	1,200	원	480,000,000	
		3)동반자	200	200	명	1,200	원	48,000,000	
2	후원금	문화관광체육부	200,000,000	1	전체	1	전체	200,000,000	200,000,000
3	회의자료판매	자료판매수입	40,000	1,800	부	1		72,000,000	72,000,000
4	전시수입	전시부스판매	6,000,000	100	부스	1	부스	600,000,000	600,000,000
총계									1,500,000,000

4. 예산계획

지출 세부 내역표

구분	항목		금액		구분	항목		금액	
1	조직위 운영비	회의비	25,000,000	100,000,000	6	홍보 분과	홈페이지 제작,유지,관리	45,000,000	85,000,000
		숙박비	25,000,000				우편발송비	20,000,000	
		식비	30,000,000				광고&홍보비	20,000,000	
		현장 경비	20,000,000		7	수송 분과	공항-호텔	30,000,000	90,000,000
2	학술 분과	회의비	10,000,000	70,000,000			호텔-회의장	30,000,000	
		숙박비	30,000,000				호텔-동반자	30,000,000	
		항공료	20,000,000		8	관광 분과	수송비	10,000,000	95,000,000
		강의료	10,000,000				관광가이드비	10,000,000	
3	출판 분과	안내서 제작비	10,000,000	80,000,000			관광비	40,000,000	
		program 비용	30,000,000				동반자행사 수송비	8,500,000	
		회의자료	20,000,000				동반자행사 가이드비	8,000,000	
		봉투,편지지,이름표	10,000,000				동반자행사비	18,500,000	
		초청장 제작,발송	10,000,000		9	pco용역비	행사기획•운영비	45,000,000	90,000,000
4	현장 분과	회의장 사용료	30,000,000	85,000,000			인건비	45,000,000	
		식음료비	25,000,000		10	예비비		90,090,000	90,090,000
		공연비	10,000,000		11	기업이윤		81,900,000	81,900,000
		기자재 임대비	5,000,000		12	일반관리비		39,000,000	39,000,000
		안내물 제작	5,000,000		13	부가가치세		150,000,000	150,000,000
		동시통역비	10,000,000						
5	등록 분과	등록시스템구축	15,000,000	85,000,000					
		현장등록요원 인건비	24,000,000						
		congress kit 제작비	9,000,000						
		기념품	9,000,000						
		이름표 case	8,000,000						
		등록부스 제작비	10,000,000						
		기자재 임대비	10,000,000			합계			1,140,990,000

문제 4

다음에서 제시된 조건을 활용하여 해당 사항에 대한 컨벤션기획서를 작성하시오.
(기획서는 파워포인트 20페이지 내외로 한다.)

· 행사명: 제22차 국제문화예술 심포지움
· 주최: 한국문화예술협회
· 주관: (주) 가나다 컨벤션
· 개최 장소: Bexco
· 참가 규모: 내국인 500명, 외국인 500명
· 개최 기간: 2017년 10월 16일~18일
· 행사 참석자: 협회 회원 및 비회원, 예술분야 종사자, 연구소, 공무원, 대학원생, 관련 업체 및 동반자

· 개최의의: 인적 및 문화적 교류를 통해서 한국예술 문화 협회의 위상강화와 회원들간의 교류의 장
· 주요 행사: 개회식, 폐회식, 기조연설, 환영연 환송연, 비즈니스 포럼, 포스터발표, 컨퍼런스 1 전문가 논문발표, 컨퍼런스 2 대학원생 논문발표, 특별강연, 세미나, 기자간담회 등
  첫째 날에는 이사회, 협회 회원들만 참석하는 세미나
· 환영연: 벡스코 컨벤션 홀
· 환송연: 해안호텔 컨벤션 홀
· 예술인의 밤: 초청인만 참석 가능

1. 기본계획
   1) 개요
   2) 행사일정표

2. 세부운영계획
   1) 학술(등록 포함)
   2) 홍보
   3) 의전(영접, 영송 포함)

║ 문제 4의 문제풀이 샘플 1 ║

제 22차 국제문화예술 심포지움
[The 22nd International Culture & Art Symposium]

2017. 10. 16 - 10. 18

㈜가나다 컨벤션

목차

1. 기본 계획
   1) 행사 개요
   2) 행사 일정표

2. 세부 운영계획
   1) 학술
   2) 홍보
   3) 의전

---

1. 기본 계획

1) 행사 개요

(1) 행사 목표

심포지움의
성공적 개최

인적 및 문화적 교류

한국예술문화협회의
국제적 위상 강화

국제예술문화협회의
회원들간의 교류의 장

---

1. 기본 계획

1) 행사 개요

(2) 행사 개요

행 사 명 : **제 22차 국제문화예술 심포지움**
[The 22nd International Cultures and Arts Symposium]

개최기간 : 2017. 10. 16 - 10. 18

개최장소 : BEXCO

참가규모 : 약 1천명[내국인 500명, 외국인 500명]

참가대상 : 한국문화예술협회 회원 및 비회원, 예술분야 종사자, 연구소,
대학원생, 문화예술 관련 업체 및 동반자

주　　최 : 한국문화예술협회

주　　관 : ㈜가나다 컨벤션

공식언어 : 영어, 한국어

1. 기본 계획

2) 행사 일정표

	10월 16일	10월 17일	10월 18일
8:00~	등록	조찬	조찬
9:00~10:00			
10:00~11:00	개회식 및 기조연설	특별강연	포스터발표
11:00~12:00	회의관련 홍보영상		
12:00~13:00	Break		오찬
	오찬	오찬	
13:00~14:00		대학원생논문발표	
14:00~15:00	컨퍼런스1	Coffee break	비즈니스포럼
15:00~16:00	Break	전문가논문발표	Coffee break
	컨퍼런스2		폐회식
16:00~17:00	세미나[이사회, 협회회원]	Break	
17:00~18:00			예술인의 밤
18:00~19:00	환영연[벡스코컨벤션홀]	환송연 [해안호텔, 컨벤션 홀]	
19:00~20:00			

2. 세부 운영 계획

1) 회의

(1) 회의 Concept

2. 세부 운영 계획

1) 회의

(1) 회의 등록 컨셉

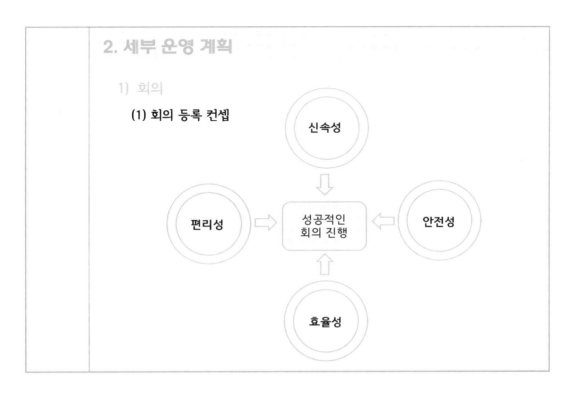

2. 세부 운영 계획

1) 등록

(2) 등록 종류

구분	사전 등록	현장 등록
기간	2017년 5월 ~8월 (4개월 간)	행사 기간 동안
등록방법	온라인, 우편 및 FAX	
접수처	㈜ 가나다 컨벤션 사무국 공식 홈페이지	Front Desk
등록비		사전 등록비*120%
주요업무	등록접수, 등록비 확인 등록자 데이터 및 등록자 관리 문의응대 & 지속적인 커뮤니케이션	현장등록 접수 ID 카드 발급 Conference Kit 및 관련자료배포 참가자 리스트 작성

2. 세부 운영 계획

1) 등록

(3) 등록 자격별 특혜

	내용	제공 사항	비고
Member	협회 회원	Full Kit	Full Kit 가방, 바인더, 프로그램, 만찬 초청장
Non-Member	참가자 중 비회원		
Student	개인 등록	Full Kit	
	단체 등록		
Press	기자 및 관계자	명찰, 프로그램	
Staff	진행 요원		
Opening	초청 인사 및 공연 관계자	명찰	

2. 세부 운영 계획

⌐ 회의 운영 세부 업무

회의장
각 세션 별 참가자 수 고려한 적절한 회의장 배치
회의장내 시설 사전점검
Preview Room 및 사무국과의 원활한 연결

연사관리
초청장 발송 및 수락여부 사전 확인
연사의 세부일정 및 발표자료 배치여부 사전 점검
발표 시 사용장비 및 프로그램의 준비 여부 확인

통역관리
능숙한 통역사들의 배치
통역부스 확보 및 리시버 수신상태 점검

2. 세부 운영 계획

회의 운영 세부 업무

프로그램

연사 및 회의주제 확정을 통한 프로그램 운영 확정
총회주제를 충분히 표현할 수 있는 프로그램
변동사항 고려한 탄력적 운영 준비

회의진행

능숙한 진행요원 배치에 의한 원활한 회의진행 유동
관련물품의 충분한 구비
회의종료 후 다른 장소로 이동 시 적적한 동선 확보

기타

프로그램 자료의 여유분 준비와 배포
총회 기간 동안의 영상물 기록 및 편집

---

2. 세부 운영 계획

2) 홍보

(1) 홍보 컨셉

인지도 상승 → 효율적인 홍보 활동 ← 참여율 상승
정보 확대성 ↑

2. 세부 운영 계획

2) 홍보

(1) 홍보 컨셉

◆ 홍보목적 : 행사 전 홍보활동으로 참여율 증가
행사 중.후의 홍보를 통한 인지도 상승

◆ 대   상 : 일반 대중 및 잠재적 참가자 대상자

행사 전	• 홈페이지 구축 • 언론사에 심포지움의 개최 취지 등 보도자료 배포 • 방송매체, 인쇄매체 등 매체별 광고.홍보
행사 중	• 심포지움 참가자에게 Daily News 배포로 심포지움 관심 유지 및 정보 지속 전달 • 언론사에 심포지움 진행 상황 보도자료 배포
행사 후	• 온론사에 심포지움 성과 보도자료 배포 • 회의 결과보고서 작성

2. 세부 운영 계획

2) 홍보

(1) 홍보 컨셉

방송 매체	• 라디오, TV 방송매체와의 인터뷰
인쇄 매체	• 심포지움 소개 브로셔 제작 • 심포지움
온라인 매체	• 홈페이지 구축 • 보도자료 배포 • 블로그를 개설하고 심포지움관련 정보 업로드 • Facebook을 통해서 심포지움관련 정보 업로드

2. 세부 운영 계획

2) 홍보

(1) 홍보 컨셉

	1단계 [2017.2. - 2017.3]	2단계 [2017.03 - 2017. 07]	3단계 [2017. 08 - 12]
매체홍보	매체별 홍보계획 확립 타깃매체 리스트 확정	매체별 홍보계획 확립 타깃매체 리스트 확정	광고 / 특집기사 / 취재보도 press kit제작 및 press center 운영
DM홍보	Target DM List 대상 안내 발송 및 개별 Contact	Target DM List 대상 안내 발송 및 개별 Contact	회의/ 전시 참가자 List작성 최종안내서 제작
인쇄/ 제작물	안내서 제작배포 회의프로그램 내용 결정	안내서 제작배포 회의프로그램 내용 결정	출판 및 제작 계획 참조
인터넷홍보	Homeage를 통한 사전등 록 신청 독려 발표자 DB관리 인터넷 사이트광고증대	Homeage를 통한 사전등 록 신청 독려 발표자 DB관리 인터넷 사이트광고증대	행사 집행현황 Update 결과보고서 및 자료개방 차기대회지원
현장홍보	유관국제대회 참가 홍보	유관국제대회 참가 홍보	한국 문화 광공 홍보자료 배표 기념품, 전통물 홍보판매

2. 세부 운영 계획

1) 의전

(1) 의전 컨셉

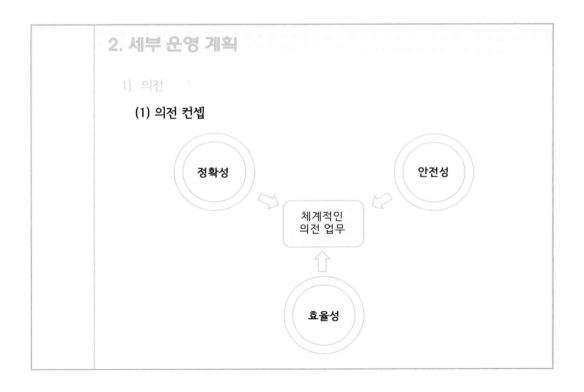

2. 세부 운영 계획

1) 의전

(1) 의전 개요

목적	회의 참가자들이 [공항-숙소-회의장] 이동 시 효율적이고 편안한 수송 서비스 제공
기간	2017년 10월 16일 ~ 18일 3일간
장소	김해공항 - Main/Sub Hotel, BEXCO Main/Sub Hotel - BEXCO
대상	VIP 및 일반 참가자
수단	셔틀 버스, 공항 리무진 버스, 영접 승용차(리무진)
수송 계획	공항 - 행사장 : 버스 업체와의 협약을 통한 VIP, 참가자 편의를 고려한 수송체계수립 호텔 - 행사장 : 셔틀 버스 운영을 통한 원만한 수송체계 수립

║ 문제 4의 문제풀이 샘플 2 ║

제 22차 국제문화예술 심포지움
(The 22nd International Culture and Arts Symposium)

2017년 10월 16일 − 10월 18일

㈜가나다 컨벤션 서비스

Contents

1 기본 계획

   1) 행사개요
   2) 행사 일정표

2 세부 운영계획

   1) 학술
   2) 홍보
   3) 의전

1. 기본계획

1) 행사 목표

(1) 행사 목표

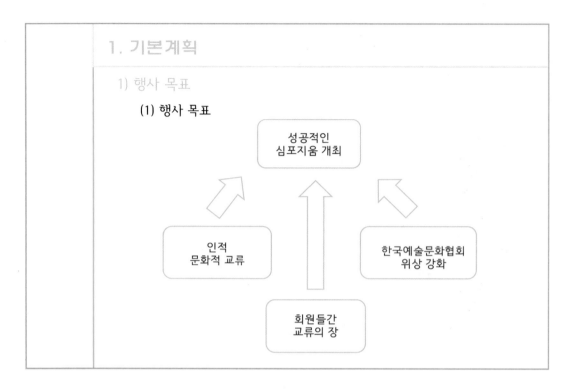

1. 기본계획

1) 행사 목표

(2) 행사 개요

행사명: 제 22차 국제문화예술 심포지움
(The 22nd International Cultures and Arts Symposium)
주제: 한국예술 문화 협회의 위상강화
기간: 2017년 10월 16일 - 2017년 10월 18일
장소: 부산 BEXCO
참가자: 한국문화예술협회 회원 및 비회원, 예술문화 종사자,
연구소, 공무원, 대학원생, 문화예술 관련업체 및 동반자
참가 규모: 내국인 500명 외국인 500명
공식언어: 영어, 한국어
주최: 한국문화예술협회
주관: ㈜ 가나다 컨벤션 서비스

1. 기본계획

2) 행사 일정표

		10월 16일	10월 17일	10월 18일
9:00	10:00	등록	특별강연	전문가 논문발표
10:00	11:00			
11:00	12:00	개회식 (환영사 / 기조연설)		
12:00	13:00			대학생 논문발표
13:00	14:00	점심	점심	점심
14:00	15:00			
15:00	16:00	세미나	비즈니스 포럼	기자 간담회
16:00	17:00			환송연
17:00	18:00	컨퍼런스	포스터 발표	
18:00	19:00			
19:00	20:00	환영연	만찬	
20:00	21:00		한국의 밤	
21:00	22:00			

2. 세부 운영계획

1) 학술

(1) 학술회의 Concept

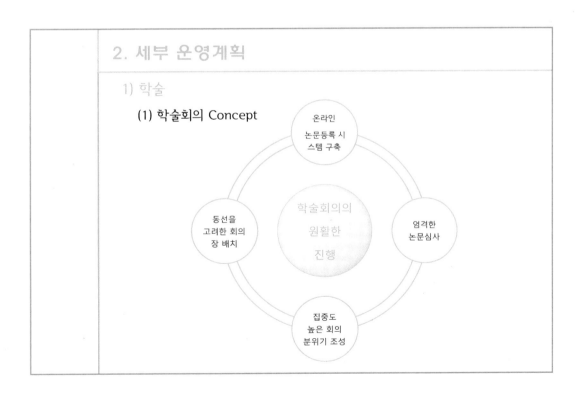

2. 세부 운영계획

1) 학술

(2) 학술분과위원회 구성

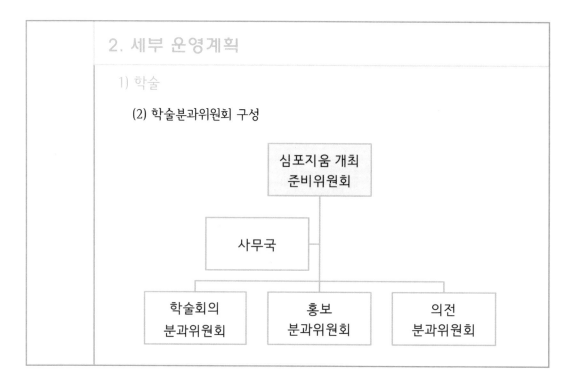

2. 세부 운영계획

1) 학술

(3) 학술회의 개요

목 적	참가자들의 인적, 문화적 교류를 통한 한국예술 문화협회의 위상강화와 이미지 홍보의 장으로 활용
예상참가인원	1000명
장 소	부산 BEXCO
일 정	➢2017. 10. 16 ~ 2017. 10. 18
회의내용	개회사 - 환영사 - 축사 - 대회 프로그램소개 - 공연(한국 전통 춤)
성공전략	➢질 높은 회의의 원활한 진행

2. 세부 운영계획
1) 학술

(4) 학술회의 Flow Chart

대회 전 준비 1
- 회의장 선정 및 배정, 주요 프로그램 선정
- 프로그램 및 회의 일정 공지
- 안내문 발송, 연사 초청

대회 전 준비 2
- 온라인 시스템 도입으로 홈페이지를 통해 효율적 회의 자료 사전 접수
- 회의발표 스케줄 통보

대회 전 준비 3
- 회의 안내서, 최종 프로그램, 회의장 배치
- 발표 자료집 및 CD제작국제회의 온라인 전산프로그램과 기자재 도입
- 진행요원 선발 및 사전교육

대회 기간
- 배포 기자재 조달
- 학술자료 및 kit제공
- 운영요원 배치
- Feed Back으로 인한 운영 극대화

대회 후
- 학술자료 다운로드 서비스 제공
- 학술 발표자에게 감사서신 발송

---

2. 세부 운영계획

1) 학술

(5) 학술회의 논문자료집 준비

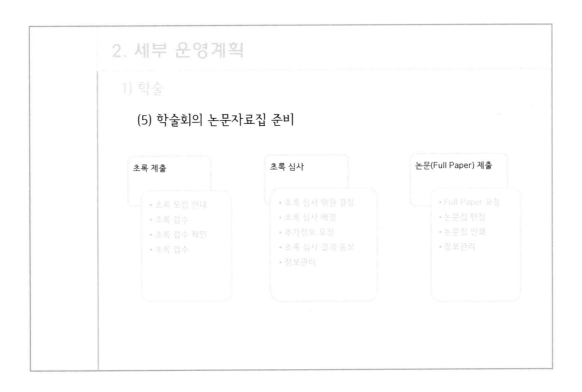

초록 제출	초록 심사	논문(Full Paper) 제출
• 초록 모집 안내 • 초록 접수 • 초록 접수 확인 • 초록 접수	• 초록 심사 위원 결정 • 초록 심사 배정 • 추가정보 요청 • 초록 심사 결과 통보 • 정보관리	• Full Paper 요청 • 논문집 편집 • 논문집 인쇄 • 정보관리

2. 세부 운영계획

1) 학술

(6) 등록

-On-Line 등록시스템을 통한 정확하고 효율적인 등록 업무
-참가안내서 발송 및 등록 홍보를 통한 사전등록 유도
-정확한 참가자 DB구축 및 참가자 경산
-등록운영 요원의 철저한 사전교육 및 리허설 실시로 사전 위험요소 제거
-일별 등록자 관리 및 등록비 정산, 결과보고서를 포함한 완벽한 사후관리

구분	사전등록	현장등록
기간	2017년 8월 21일 까지	2017년 10월 16일 - 18일
등록방법	온라인 등록 프로그램 Email	BEXCO 로비 앞
대상	협회 회원, 비회원, 예술분야 종사자, 대학원생, 관련 업체	협회 회원, 비회원, 예술분야 종사자, 대학원생, 관련 업체
내용	사전등록신청서 접수(On-Off Line) 및 DB구축	현장에 온라인 등록 시스템 구축
	Confirmation 발송	온라인 등록시스템을 통한 온라인 결재
		사전/현장 등록자에게 Name Tag 및 등록
	참가자 리스트 관리 및 자료 출력	kit 지급

2. 세부 운영계획

1) 학술

(6) 등록 Set Up

2. 세부 운영계획

2) 홍보

(1) 홍보 Concept

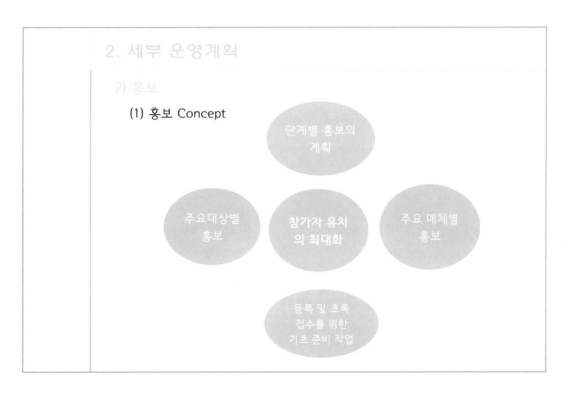

2. 세부 운영계획

2) 홍보

(2) 홍보 Flow Chart

구분		6	7	8	9	10.1~10.15	10.16~10.18
홍보 기본 계획 수립		☐					
엠블럼	제작 의뢰	☐					
	엠블럼 확정	☐					
홈페이지	제작사 선정	☐					
	제작 의뢰	☐					
	홈페이지 구축		☐				
회의 초청 서한 발송			☐				
기자 간담회	초청 기자 명단 확정			☐			
	초청 안내			☐			
	참가자 최종 확인				☐		
	간담회 실시				☐		
보도자료 배포							☐
참가자 배포용 Daily News 제작							☐

2. 세부 운영계획

2) 홍보

(3) On-line 및 Off-line 홍보

Online 홍보	Off-line 홍보
• 홈페이지 홍보 • 뉴스레터 홍보 • 연관학회 홈페이지 홍보 • 온라인 저널 홍보	• 연관 학술학회 홍보 • 유명 저널 홍보 • 안내서 우편발송 • 문화예술학과 학생들 홍보 • 후원업체를 통한 홍보

2. 세부 운영계획

2) 홍보

홍보 전략 (On-line)

1. 홈페이지 홍보	2. 뉴스레터 홍보
공식 홈페이지를 통한 적극적인 홍보 및 정보공유	심포지움 정보안내, 등록 페이지 오픈 안내, 조기등록 독려 안내

On-line

3. 연관학회를 통한 홍보	4. 온라인 매체 보도자료 배포
국내외 연관학회에 배너링크 및 학술대회 메뉴에 내용 링크 협조 의뢰	인터넷 온라인 매체에 보도자료 배포하여 인터넷 검색에 노출

2. 세부 운영계획

2) 홍보

홍보 전략 (Off_line)

1. 연관 학술학회 홍보

학술대회에 직,간접적으로 홍보

2. 브로셔 제작 홍보

브로셔를 제작해서 국, 내외 문화예술관
련 단체를 통해 홍보

Off-line

3. 학생 대상 홍보

문화예술과 학생들의 참여를 높이기 위
해, 학교로 홍보물 발송 및 교수님을 통
한 적극적 홍보

4. 간담회 홍보

주요 후원사 및 유관학회 간담회를 통해
스폰서 업체의 적극적 홍보 유도

2. 세부 운영계획

2) 홍보

(4) 기자 간담회 준비 과정

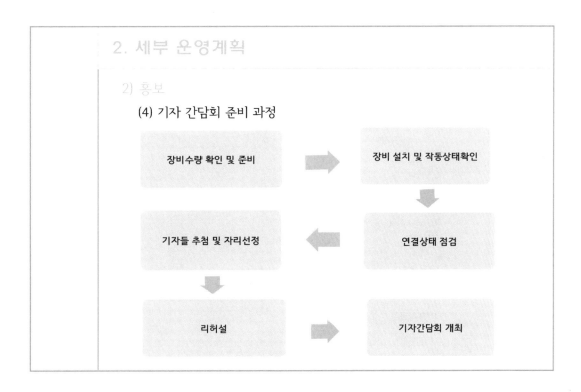

2. 세부 운영계획

3) 의전

(1) 의전 Concept

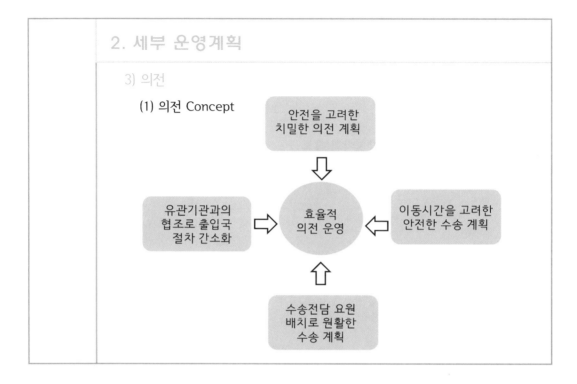

2. 세부 운영계획

3) 의전

(2) 의전 Flow Chart

구분	7	8	9	10.1~10.15	10.16~10.18
의전 기본 계획 수립	☐				
의전 담당 직원 채용		☐			
의전 담당 직원 교육			☐		
의전 담당 직원 역할 배정			☐		
행사장 출입 비표 제작				☐	
의전용 차량 종류 결정		☐			
의전용 차량 섭외			☐		
의전용 차량 계약			☐		
의전 리허설				☐	
의전					☐

2. 세부 운영계획

3) 의전

(2) VIP 및 일반 참가자별 의전

구분	차량 종류	이동 구간	비고
VIP	리무진 배치	공항 - 호텔	영어 가능 운전 기사 확보 차량 보험 가입 여부 확인
		Convention Center - 호텔	
		호텔 - 공항	
일반 참가자	45인승 차량 배치	공항 - 호텔	차량 보험 가입 여부 확인 차량 운행 시간표 공지
		Convention Center - 호텔	
		호텔 - 공항	

저 / 자 / 약 / 력

한광종

• (현) 한국의료관광 · 컨벤션 연구원 원장

◈ 저서
  • 국제의료관광코디네이터 완벽대비 핵심정리 및 예상문제집
  • 의료관광 실무영어
  • 의료관광 실무영어회화
  • Excel 활용 의료병원 통계분석
  • Excel 활용 마케팅 통계조사분석(보건 · 의료관광 · 관광경영 사례 중심)
  • SPSS 활용 통계조사분석
  • Excel 활용 미래예측과 시계열 분석
  • Excel 활용 비즈니스 시계열 분석
  • 국제회의 영어
  • 국제회의 실무영어

컨벤션기획사 2급 실기시험문제집

2014년 11월 10일 초판1쇄 인쇄
2014년 11월 15일 초판1쇄 발행

저 자 한 광 종
펴낸이 임 순 재
펴낸곳 **한올출판사**
        등록 제11 - 403호
        1 2 1 - 8 4 9
        주   소   서울특별시 마포구 성산동 133-3 한올빌딩 3층
        전   화   (02)376-4298(대표)
        팩   스   (02)302-8073
        홈페이지   www.hanol.co.kr
        e - 메 일   hanol@hanol.co.kr
        정   가   18,000원

▫ 이 책의 내용은 저작권법의 보호를 받고 있습니다.
▫ 잘못 만들어진 책은 본사나 구입하신 서점에서 바꾸어 드립니다.
▫ 저자와의 협의 하에 인지를 생략하였습니다.
▫ ISBN 979-11-5685-035-9